"帮扶情·南华梦"系列丛书

南華歷史文化薈萃

罗智惠 编著

南华县文学艺术界联合会
政协南华县委员会办公室
东南大学

东南大学出版社
SOUTHEAST UNIVERSITY PRESS
·南京·

图书在版编目(CIP)数据

南华历史文化荟萃 / 罗智惠编著. —南京 ：东南大学出版社，2025. 8. —ISBN 978-7-5766-2304-8

Ⅰ. K297.44

中国国家版本馆 CIP 数据核字第 2025UB6973 号

责任编辑:叶　娟　**责任校对**:张万莹　**封面设计**:余武莉　**责任印制**:周荣虎

南华历史文化荟萃 Nanhua Lishi Wenhua Huicui

编　　著　罗智惠
出版发行　东南大学出版社
出 版 人　白云飞
社　　址　南京市四牌楼 2 号(邮编:210096　电话:025－83793330)
经　　销　全国各地新华书店
印　　刷　南京斯马特数码印务有限公司
开　　本　889 mm×1194 mm　1/16
印　　张　14
字　　数　376 千字
版　　次　2025 年 8 月第 1 版
印　　次　2025 年 8 月第 1 次印刷
书　　号　ISBN 978-7-5766-2304-8
定　　价　58.00 元

(本社图书若有印装质量问题,请直接与营销部联系。电话:025－83791830)

《南华历史文化荟萃》编委会

钟山风雨润云滇，百年学府助振兴 。感谢东南大学以科教为舟楫，载文明之光辉，跨山越海，对南华县在产业、人才、文化、生态、组织等领域全面的关心与帮助！

目录

历史名人

镇南八景

沙桥八景

雨露八景

红色文化

文化名胜

诗词歌赋

民族团结

非遗故事

历史名人

南华，古称镇南。云南滇洱古驿道共有“九关十八铺”，南华就占据“一关五铺”，即：遗存于今的英武关，州前铺、水盘铺、双树铺、苴力铺、天申堂铺。此道是古蜀身毒道的一部分，汉代以来史称“南丝绸之路”。这条古道一直沿用到明清时期，堆积着丰厚的历史文化层，每一个关隘都烙满了文明的足印。

历史上的南华，承载了明朝通往大理府（今大理白族自治州大理市）、鹤庆府（今大理白族自治州鹤庆县）、蒙化府（今大理白族自治州巍山县）、丽江府（今丽江市古城区）、永宁府（今丽江市宁蒗县永宁镇）、北胜府（今丽江市永胜县）、永昌府（今保山市隆阳区）、顺宁府（今临沧市凤庆县）、孟定御夷府（今临沧市耿马县孟定镇）共九个滇西地方行政官府的必经之要，史称“九府通衢”。

南华位于滇中高原西部和云南“山”字形构造的脊柱部分。从濮夷故国、宗州（祥云县东山彝族乡）、邱州、俗富郡、欠舍千户所、镇南州、镇南县演变到南华县，也是历史沧桑巨变、华丽转身的过程。

南华自元代开始筑镇南州城，四道城门叫得颇有气势：巩华门、文明门、来远门、龙泉门。有诗为证：东矗巩华迎朝阳，西迎来远景色优，南启文明立序庠，北眺龙泉翠珠流。据《镇南州志》记载：亚魁坊，石质门架，有两层楼高，名字雄势。立于老十字街，形成横跨南北、东西通衢样式，由明万历辛卯科乡试第七名的举人黄嘉祚主导建造。其用石之巨、工艺之佳，在周边非常罕见，算得上滇地标志性建筑。在南华的历史文化长河里，寻史迹梳文脉，经征询文史暨文化学者意见，我们辑录南华历史文化名人。

从南华走向世界的航海家——郑和

郑和像

1382 年，11 岁的郑和被沐英在镇南俘获掳往南京。4 至 11 岁，郑和生活在镇南，故镇南是郑和的成长故里。李根源（1879 年 6 月 6 日—1965 年 7 月 5 日），字雪生，又字养溪、印泉，云南腾冲人，生于云南腾越（今云南梁河九保乡），近代名士、中国国民党元老、上将，爱国人士。李根源是辛亥元老，中国近代史上的著名人物，曾参与领导云南起义，参加“二次革命”、反袁世凯称帝活动和“护法”斗争等革命运动。他修建英雄冢，倡导建设“腾冲国殇墓园”，在昆明“重九起义”、云南军都督府建立、滇西问题的解决、边疆民族地区的治理等方面作出了重大贡献。他在镇南（今南华）立三块“郑和故里碑”，建一座“郑和庙”，将“明三保太监郑和镇南人”写进了《滇西兵要界务图注》。南华是著名航海家郑和人生的出发地，他从高原湖走向世界海，七下西洋，为国远航，为海上丝绸之路的形成和发展写下了光彩夺目的篇章。

南华文献之祖——陈元

陈元画像(王云梅绘)

陈元,生卒年不详,男,字遴三,号古愚,浙江余姚人。其少年好学,康熙二十七年(1688年)浙江余姚进士,曾任湖南平江知县、江西吉安府同知、刑部员外郎、河南主考、贵州思州知府。陈元于康熙三十八年(1699年)到镇南(今南华县)任知州。康熙四十三年(1704年),陈元到任5年后,完成南华历史上的第一部志书,即康熙《镇南州志》,是南华文献始祖。陈元任镇南知州11年间,建鸡和书院,捐资办学,善于调查研究,解决问题,注重维护地方安宁。他重视教育,教授学生学习、工作两不误,是一个勤政务实的好官。他平时喜欢寻访名胜古迹,若有感悟,立即挥毫,留下许多文章。作为余姚人,受其先贤王阳明影响很深。被官方定为"循吏",是一位遵纪守法而有政绩的官员。陈元传世的诗文,见于志书的有诗11首、文7篇。陈元是南华历史上一个有政绩、有声名并对南华有着特殊贡献的官员,同时也是一个值得人们推崇和研究的学者。

南华农民起义将领——杞彩顺

杞彩顺画像（王云梅绘）

杞彩顺(1829—1859年)，南华县马街镇秀水塘村委会人，彝族，农民。杞彩顺先祖曾是南诏贵族，后沦落为平民，传到第十二代时迁至南华秀水塘定居。在太平天国革命运动的影响下，清咸丰三年(1853年)，庄主“诬其结众图叛”，将杞彩顺逮捕，在押解至镇南州城途中，其二弟杞彩云率一群贫苦农民将他劫释。他不甘于清王朝的暴虐统治，领导彝族农民队伍揭竿而起，揭开了哀牢山各族人民反清斗争的序幕。后率部加入李文学义军，李文学以“彝家兵马大元帅”的名义，任命杞彩顺为“南都督”，转战哀牢山区。清咸丰九年(1859年)，杞彩顺在战斗中不幸中弹身亡，终年仅30岁。

杞彩顺是清末响应太平天国运动的杰出彝族起义将领。杞彩顺起义是太平天国革命运动影响下的云南清末杜文秀、李文学起义的先驱和重要组成部分，在中国农民运动史，尤其是彝族农民反帝、反封建运动历史上写下了光辉的一页。

南华第一进士——陈封舜

陈封舜，字宾候，号龙川，南华县龙川镇大智阁村委会老马村人。其生卒年不详，乾隆年间进士，历任山西陵川县知县，湖北郧阳府通判、代理竹溪县知县、南漳县知县等。其先祖陈均祥，为元末威楚（楚雄）同知高政属下把事。洪武十五年（1382年），征南将军沐英、傅友德率大军三十万平定云南，其先祖陈均祥率民部归附大明，因平滇有功，迁镇南州土判官，后世即世居镇南，子孙繁衍，到陈封舜时，已历十六世。

陈封舜出生的双甸河先生邑，原名老马村，后其学生以为"老马村"不雅，乃改称"先生邑"。封舜幼承庭训，聪慧灵敏，稍长入州学，勤奋好学，于雍正乙卯年（1735年）得中举人，乾隆丁巳年（1737年）中进士。滇中南华几百年里终出首位进士，这不仅是南华人无限的荣耀，更是老马村人的骄傲。

乾隆十三年（1748年），距离他中进士已过去十一年，朝廷任命他为山西省陵川县知县。陵川是山西境内有名的穷县，四面环山，道险路狭，地瘠人贫，数百年来食不果腹者十居七八，而士人求学之风颓靡已成积弊。陈封舜上任后，亲眼目睹了与陵川接壤的河南各州县沃野千里，百姓丰衣足食，于是下定决心以"振士风，勤民事"为己任。他认为陵川之贫，其因在教育。教育不振，思想不兴，百姓墨守成规，乃致贫之首因。光绪《陵川县志》里说："陈封舜甫下车，教养兼施，见邑中文风不振，即创立书院，延师教诲，身亲督课，朝夕不倦。又补文峰数处，嗣后人文蔚起，科第连茹，百姓有买椟还珠之庆。"

通过走访，他了解到陵川自古以来读书人多沿袭传统的父传子、兄传弟的教育模式，生童要读书，只能依靠家塾。而家塾的水平参差不一，教书先生见识不广，知识欠缺，兼而贫穷之家无求学之门道，从而导致了陵川学风的颓靡与不振。要想从根本上扭转局面，陈封舜认为应先立书院。史书记载，他遇事不惜俸银，小工自掏腰包，自己一人承担；遇到修建书院的大工程，就动员邑内百姓士绅捐钱捐物，出工出力。

为修建书院，他首先带头捐款，继而得到士绅的积极响应，得募白银二千余两，于是山长（书院院长）工资、生员膏火（津贴）有了着落。书院遂得以创建，初创的书院，有门亭，有讲坛、学舍，规模宏大。他又购买经史子集若干，存于院中，供诸生学阅。又将募捐所得余款二千五百余两存于当铺生息，作为山长工资及生员津贴。他还亲自拟定书院章程，内容包括招收学生的名额与递补、教师授课与授课时间、诸生考试的方式与内容、社会捐款的处理与表彰、教师工资与生员津贴的发放，经费的积存与学舍的置地等计二十余条，山西巡抚有感于陈封舜的事迹，特赐名"望洛书院"。自此陵川境内真正意义上的书院体系得以建立，他所制定的章程颇有近代学校的雏形，这是他在陵川任上最大的政绩。

书院建立后，为从思想上扭转士人的读书风气，他又整修了多处代表文风的建筑。魁星楼破败，他重建之；文峰塔行制卑下，他移地重建之，建成后的文峰塔直插云际，蔚为壮观；学宫泮池方位不正，他移建之，使得学泮池金波映射，文风陡盛。经过他一系列的努力，陵川士子诸生承风向慕，努力进学，学风得到了根本上的转变，百姓知书识礼，士子登科捷报频传。乾隆十八年（1753 年），学院生员武敦考中举人，这一次距上次陵川出举人已过去了三十六年之久。

光绪《山西通志·名宦录》里说：凡康、雍、乾百余年间，邑令于陵地有大功大德者，唯陈封舜也。除大兴文教外，他还常常戴着斗笠，穿着粗布衣服、脚蹬草鞋，深入田间地头，带领邑人整修河道、疏浚水渠，建分流水堤，置束水亭，彻底解决了陵川几十年来暴雨毁堤淹田的现状。他劝课农桑，教民精耕细作，百姓兢垦农田，灌溉有资，粮食丰收，即使遇到灾荒之年，百姓也有余粮；他宽赋税，减刑罚，体恤老病孤残，使得百姓老有所养，幼有所抚。同时他还将邑内倾圮的建筑修葺一新，平整道路，使得陵邑至此焕然一新。

为使陵地物流通畅，他又率先捐出俸钱，鼓励百姓捐款、出工修路。历时两年时间，带领百姓日夜兼程，将泽州、潞州通往河南的商道修成康庄大道。史载商道上修建了大王庙三座、石桥五座，在绝壁上凿出边墙 2500 步。使山峻者凿之、水噬者填之、陡绝者迂徐之、盘蹬者坦平之。正是陈封舜这种愚公移山、为民造福的实干精神，使得数百里之内的大沟小径都拓成了康庄大道，为泽、潞两地的商业交流提供了极大便利，至今陵川百姓仍津津乐道于他修路的功德。

作为一方百姓的父母官，陈封舜豁达而坚韧。然而清廉正直如他，也难以逃离宦海的苍茫与沉浮。乾隆十七年（1752 年）秋，因望洛书院教师王严嗜酒怠课，陈封舜多次申饬提醒，然王严强装耳聋，毫无启发，导致陵川县在壬申乡试中并无人得中，因此不得已将王严辞去，并聘请浙江举人严炳元。严炳元到任后，勤于教读，到乾隆十八年（1753 年）终有选拔，其后数年严炳元即为望洛书院馆师。岂料王严被辞失馆，从此挟嫌污蔑，朝廷一纸文书，让陈封舜停职待查，陈封舜于是归滇赋闲在家。后来乾隆皇帝着山西巡抚明德查察此案，遍访陵川士绅百姓，无一不在诉说他的功绩。所谓陵川几百年来为官如父母者，非陈封舜莫属，后他得以官复原职。归滇赋闲是年，也即乾隆十八年（1753 年），陈封舜发现镇南州原行署内的鸡和书院布局狭小，年久失修，可为学生提供的讲堂、校舍有限，导致书院每年招收学生的名额受限制，许多渴望求学的青年学子被拒之门外。于是他拿出自己为数不多的俸禄，将行署内的书院移建于城南马王庙左侧，校舍规模比之前大了很多，并将书院改名“盘山书院”。

乾隆十七年（1752 年）春，上任陵川四年，考虑到族中人户较多，土地贫瘠，收成不佳，致使族人贫者百数，难以养家糊口。陈封舜感同身受，他认为陈氏一族数十百年来休养生息，子孙繁衍，析产而居，有的家就此难免穷困潦倒，而有的家依然富足殊丰，这是历史的必然。对于那些老弱病残、无依无靠的人，都应视他们为兄弟。他们孤贫而无处申援，就应该给他们帮助，而不要彼此之间还刻意保持距离。于是，为了接济那些贫穷的族人，他将陵川四年任上辛苦攒存下的养廉银六百两封寄回家乡，让族人购买义田百亩。每岁可收租粮五六十石，以养赡那些散失劳力的族人，鼓励那些有劳力的人家勤于劳作，自食其力。他说这样的接济，虽属杯水车薪，且当聊解燃眉之急，作为族中稍有点作为的人，他理应襄助之。

乾隆二十三年（1758 年），陈封舜离开陵川，前往湖北郧阳府上任，任满洲粮草通判，专司八旗军在郧阳的粮草供运。陵川去职之日，百姓感激他的恩德，自发捐钱捐物，建立生祠，纪念这位为陵川前后奉献了九年的好官。乾隆皇帝闻知此事，亲书“派续颍公第一人”的对联，把他与三国时期同诸葛孔明辅佐刘备建功立业的蒋琬作比，说他是蒋琬之后第一人，对陈封舜在陵川做下的功绩心生赞许，给予他极高的赞誉，悬挂于陵川陈封舜生祠中，受历代陵川百姓的祭祀。

他到任郧阳府通判后，因竹溪县令宋焕升任离去，就由他暂来代行竹溪县事。代理知县后，为减轻学田佃农负担，他首倡减少当地学田三斗，把五峰书院迁至南关外，增东西学舍各二间，大门左右各一间、厨房一间，并于讲堂后设一屏风以隔内外。在校园四周修建围墙，大门外修照壁，左右设栅栏，不仅形式恢弘，而且红墙白室黑瓦十分庄严，历时三年修建完成。并先后延请教师，为竹溪县培养了一批优秀的士林学子。他在郧阳任上依然沿袭他在陵川走过的历程，兴教育、开漕运、修水利、劝农桑，虽年老，然初心不改，直到他年老致仕。

他积学能文，陵川任上九载，他遍访境内名山大川，走遍了每一条街巷角落，留下了许多脍炙人口的诗词和文章。光绪《陵川县志》收录了他的诗词 10 篇，包括《太行行四首》《西溪春色》《熊山吐月》《灵泉瀑布》《束濛亭》《黄围灵湫》《黄围山》等。文 4 篇，分别是《重建文峰小记》《束濛亭记》《补修东南路碑记》《棣华堂记》。光绪《镇南州志略》收录其诗词 2 篇，分别是《望云台山》《平彝桥》；文 1 篇，为《义田说》。湖北郧阳府通判任上所遗诗词 2 篇，分别是《霍山行》《水镜庄》。《霍山行》后成了湖北竹山八景之一。文 1 篇，为《重修学宫记》(竹溪任上作)。

纵观他的一生，年少苦读，进士及第。中年始得做官，历山西陵川、高平，湖北郧阳、竹溪、南漳等地，一生经历不可谓不广。至于所治之境，史皆以大功大德载之，百姓以青天颂之。年老致仕归滇，则仍授业讲学，建书院，设私塾，广纳彝汉子弟，收徒不避贵贱，泽被地方学人，其后学人辈出，登科者众。通读他留给后世为数不多的诗词文章，可以感受到他是一个极富温情的人，有着为民纾难的抱负。其一生兼具读书人的高贵气节，不畏权贵，清廉正直，有着宦海沉浮的豁达与豪迈，有着仕途不顺仍要拨云见日的激情。

（陈志国整理）

诗书立世礼士爱民的进士——刘钟璟

南华金珠河刘氏，为清代镇南科举世家。自进士刘钟璟以上，始祖刘国鼎，乃万历庚子科举人，其下诸祖业儒，诗礼传家，俱皆庠生。

刘钟璟，字昆峰，一字玉山，号瑶圃，行三，又行五。嘉庆庚戌年八月十三日吉时生，镇南州廪生，民籍。诗书传家，世居金珠河。道光庚戌科进士。性孝友，与兄钟粹、钟祥敦尚伦纪，事载《钟粹传》。历任四川荥经、峡江、秀山知县，剑州、简州知州。所至兴利除弊，礼士爱民，勤于听断，屡决疑狱，民以青天颂之。其任简州也，革除驿递浮马，辟于莱，招流亡。民歌之曰："政除马害，泽沛鸿嗷。"刘公治绩召杜同高，去之日，父老遮道相留，有泣下者。以卓异升泸州、直隶州知州，捕获哥老会匪、灯花教匪，州境肃清，权知打箭炉军粮府、保宁府知府、护理川北兵备道，皆有善政，士民勒碑颂德。光绪二年(1876 年)，卒于泸。

钟璟天资警悟，自幼即留心经济，兵刑农桑，讲求有素，故在官时措施裕如，卓有成绩。尤喜济人利物，凡掩骼埋睹，施药施棺诸善举，皆捐俸为之，略无吝惜。在泸置救生船，设官医局，增书院膏火，添孤贫口粮，其利泽尤无穷云。初，钟璟宦蜀、滇中，经回之变，财尽民穷，人无聊生，钟璟招其亲族故旧数十家人蜀，实意周恤之。乱平，遣之归，各给货财，俾衣食有资。又捐白金千两，建镇南学宫，卒之日，遗命其子咏唐曰："吾乡兵燹屡经，礼教衰颓久矣。移风易俗，莫如诗书。我死，汝当购切要书，运归吾乡，俾后生有所造就，风化赖以挽回，吾死亦瞑目矣。"咏唐遵遗命，购书五十七种，送入龙川书院，书目具载《建置略・学校篇》。

《云南通志》卷九载：刘钟璟，镇南人。道光庚戌进士。知四川夹江县，深得民心。调秀山，剿办会匪，著有劳绩。擢简州知州，革除驿马浮费，民咸德之，立石曰"政除马害，德沛鸿嗷"。迁泸州，擒获会教匪首，地方为之立《德政碑》。

以上文载，几能概括钟璟一生之行迹。钟璟自幼聪颖，好学上进。钟璟遗文，今存文《观风谕》1 篇(简州任上)，诗《游西山寺》1 篇，其余文章或载于任职的第二故乡，或散落民间。

至其钟璟家世，据滇省图馆所藏之《道光云南乡试齿录》(简称《齿录》)，详细载其家世本支世系，凡其高祖五代祖姚、功名、旁系叔祖支系、业师、世居等信息。《齿录》作为清代科举考试自证身份之信息，也是今人追根溯祖之珍贵参考。

刘钟璟家族，以诗书立世，以孝传家。至其弟钟粹，岁贡生。《镇南州志》载：刘钟粹，钟璟胞弟，道光间人，孝纯，父病痈，日久不愈。钟粹朝夕侍疾，衣不解带，与弟钟祥，兄钟璟终日以口吮父痈，去其脓血，而后敷以药。如是者习以为常，见者以为不堪，而钟粹兄弟终无难色也。后父逝，事母尤加谨，百计承欢，终身无纤芥之忏。

其侄刘际唐，字小麟，号会初，优贡正取第二名，乡试中式第九十三名。出同治庚午科云南乡试举人，官至江西知县。到刘际唐一代，家族声势浩大，居镇南州城北街，今北街尤有其后人居住。

值得一提的是，刘钟璟孙辈中，有与楚雄进士谢长年孙辈联姻。观其刘氏后辈，每一代皆子姓繁衍，传承到今天已然是南华的大姓家族，后人仍延续着祖先的辉煌。

打响重九起义第一枪——钱泰丰

钱泰丰画像(王云梅绘)

钱泰丰(? —1912 年),男,南华县龙川镇柿子树钱家人,著名的资产阶级革命先锋。钱泰丰原在清军云南省西防军当营官,巡防腾越(今腾冲)、永昌(今保山),因受资产阶级新思潮影响,加入“中国同盟会”。1911 年,武昌起义成功,全国蜂起响应。革命党领导人自英国来电,令从速起事。诸同志迟疑不决,钱泰丰却奋臂首出,指挥腾越起义,先后占领腾越、永昌,起义时间早于昆明“重九起义”3 天。次年,钱泰丰在与同僚传看手枪时因走火误中而亡。为彰显钱泰丰之功,陆军上将、云南都督、护国第一军总司令蔡锷为其请功,云南军政府军政部总长、陆军第二师师长、陆军中将李根源题奖“革命先锋”四字,大理提督张文光将“革命先锋”四字刻于石门仙迹。

南州胜景扬美名——徐久野

徐久野(1862—1933年),男,字汝恒,今南华县龙川镇上雨天村人。徐久野幼随父留邑省垣,先后就读于华山小学、成德中学、昆明高等师范,并师承父辈,擅长作画。曾任省立第一中学、第一师范、路政学堂等校图画教员多年。时滇省名宿姚安举人甘德炳曾赞谓:“吾滇省子弟得所指授,获益孔多。”

徐久野画像(孙兆松绘)

徐久野的父亲徐雨峰是南华的一位饱学之士,是“镇南硕儒”。在任通海州守(县长)时,曾为通海秀山清凉台长廊书写过一副楹联:几度登临畅谈风月偿夙愿;三生有幸重与湖山结胜缘。光绪丁未年(1907年),在通海任州守时染疾,侨居昆明治病,久卧病榻,不能回到故乡南华,徐雨峰思念故乡之情日深,常常感叹。徐久野早晚服侍在老人身边,深知老人思乡心切,为求得老人心灵的安慰,徐久野在翠湖畔开设“菱湖画舫”,闲时摹描《镇南州志》所载十六景,绘就天台松涛、石鼓春喧、松林古寺、云锁澄潭、温泉竞浴、寒溪漱玉、石罅洞天、秋江叠嶂、金峰晓日等共16幅风景画,自题二景,装订成册,取名《南州胜境图》,供父亲卧赏,以此慰藉父亲思乡之情,减轻父亲的病痛。

1919年,徐久野应画界同仁、省垣各校校长“用广其传”之请,将《南州胜景图》由袁嘉谷题书名,赵藩作序,赵鹤清、周钊岳、云龙、郭延年、邹毅仁、张学智等云南名流按图配诗,甘德炳为之作跋,附有由困叟陈荣昌题记之57岁小照,缀于画册之末。付梓印制成集诗、书、画于一册之《南州胜景图》。刊印前滇省都督唐继尧、文化界名人章炳麟慕名索阅,并题“敬观”以记。印成后,广传三迤,享誉滇省画坛。1933年,徐久野无疾而终,享年71岁。

曾任护理江西巡抚之张绍华,羡久野才华,在由昆明西上大理途经镇南时,于城西逮家屯侧题“久野草堂”摩崖石刻以记。《南州胜景图》是一部名家荟萃的传世精品之作。菌王山脚下原是使用数千年的古代官道,即滇洱驿道,菌王山就巍立在滇洱驿道旁。半山建有来青阁、百子阁。徐久野曾在百子阁石壁上题刻“小蓬莱”,如今摩崖上的字已变得斑驳难辨。

南华第一个共产党员——张舫

张舫像

张舫(1898—1930年),男,字方舟,又名张介、张介人,南华县龙川镇西街人。1920年,张舫在昆明参与组织秘密社团"大同社",出版刊物《滇潮》。1925年,张舫在北京加入中国共产党。1926年,张舫和一批"新滇社"成员考进黄埔军校第四期。1927年,张舫被捕。12月,中共领导广州起义,攻破国民党监狱,张舫被营救出狱。1928年10月,张舫被选为中共云南省临时委员会委员,分工负责军运工作。1929年后,张舫进行秘密策反敌军兵变工作。1930年4月,由于叛徒出卖,张舫在昆明被国民党特务抓捕。同年7月26日夜,张舫被国民党特务秘密杀害于昆明模范监狱,时年仅32岁。张舫是南华历史上第一位中国共产党党员。

镇南师范创始人——张祖荫

张祖荫像

张祖荫(1880—1942 年),男,字槐三,南华县龙川镇张合屯人,著名爱国爱乡人士。他 5 岁入私塾,15 岁州试得童生第一名,16 岁府试得生员第一名。民国时期,先后就读云南省优级师范、京师大学堂农政系。先后担任过龙川书院教授、云南省立农校校长、成德中学校长(兼)、昆阳县县长、昆明市市长、腾冲县县长、国民政府外交部中英勘界委员会中方全权代表、武定县县长等职。

他参加过昆明"重九起义",筹建云南省第一座无声电影院,努力推行新生活运动,在中国和英国殖民地的界务争端中使中方获得胜利,争取和筹建省立镇南师范学校,造福桑梓。民国二十年(1931 年)为昆明筇竹寺华严阁写过一副楹联:"跃蓝若者灵犀,知放佛光,胜迹千年大圆觉;栖竹林之野鸡,乐逢僧话,浮生半日小游仙。"上款落"修圆上人住持筇竹寺嘱题";下款是"辛未秋八月镇南张祖荫撰并书"。

云南文化名人——郭燮熙

郭燮熙像

郭燮熙(1868—1943年),男,字礼初,号梅花老人、梅雪、石樵,室名梅雪山房,南华县龙川镇西街人,著名画家。其先祖是明初随沐英戍边的江南人。其父郭兆奎,字炳星,是个武生,征战中儿子出生,遂取名燮熙,有"燮伐之师"之意。郭燮熙不负父望,16岁通过童生试,19岁中举人。宣统二年(1910年),举人郭燮熙大挑二等调署,先后在丽江府和云龙州担任学正、在云南担任资议局议员。历任校官、总董、教习、议员、科员、参议官等职。青壮年时期,曾参加云南"重九起义"及投身"护国运动"。

1917年8月,郭燮熙年逾48岁,被委派赴设县不久的盐丰县(现为大姚县属地石羊等乡镇)担任县长。一生编修《鲁甸县志》《盐丰县志》《镇南县志》(民国稿本),并撰写《云南光复纪要》一书的《援黔篇》《迤南篇》《建设篇(三)》,另有诗文传世。一生酷爱画梅,作品流传于云南各地。有人称他画的梅花是"万花香雪海,一树彩云天"。曾受到徐悲鸿等名家的赞扬。是清末至近现代花鸟画的主要画家之一。他与李根源诗画互赠曾被传为佳话。

画苑翰园之冠——夏育荷

夏育荷画像（王云梅绘）

夏育荷（1866—1931年），男，字莲溪，南华县沙桥镇人。幼时就读于凤山书院，勤奋上进，苦读经文，勤习名人书法，乡试及第后，于光绪丁酉科京试中“拔贡”。宣统二年（1910年），夏育荷从云南法政学校毕业，被保送进京签分，在四川试用直隶州州判。曾任云南盘溪县知事（相当于县长）。夏育荷先生工于书法，以“二王”之体为主，兼取柳宗元、赵孟頫之长，勤学苦练，自成一体。其笔锋柔和圆滑，笔力刚健秀挺，别具一格，“既有苏东坡大江东去之势，又有柳永晓风残月之姿”，为镇南翰园画苑之魁。当时有“郭梅夏字”之称。曾为商务印书馆写过《醉翁亭记》手帖印售，一时远近闻名。夏育荷为官盘溪及客寓省垣时，慕名求书者甚多；辞官回乡后，乡人亦以获一帧为幸。凡求索者，夏皆不计报酬，不计来人身份贵贱，如索以应。其书法作品广流民间，其中一份与“郭梅”一起被旅缅侨胞及寓居本县之外籍人士重金收购，传往京、津、沪、港等地。

县文物管理所收藏的字画中，有夏育荷先生书写的一幅保存较为完整的对联：

万顷烟波鸥世界，

九秋风露鹤精神。

此联书写碧波万顷的湖水变成鸥鸟的乐园；时值晚秋，信步于晨露凉风中的白鹤超凡脱俗。这正是作者人格魅力的一种展示。

夏育荷的父亲夏文章，字焕然，自号桂香居士，沙桥镇人，是南华可以追溯的最早的名老中医。其自幼聪慧，勤奋好学，书画俱佳。攻读经史之余，常研习医学典籍，胸怀岐黄之志。1855年，奉父母之命，夏文章往省城应科举考试。名落孙山，羞回故里，遂与同科未中乡试者2人，结伴进京谋求出路。沿途以走方郎中行医糊口。抵京后，住陋巷小店，每日在街口设摊卖字画兼诊脉开方营生。一日，遇清廷御医李万清入宫诊病归来，经文章摊前停轿观其字画及诊脉处方后，大加赞赏。询问之下，始知其为云南落第士子。李万清与之交谈良久，遂招致门下为书记。在李万清的精心指导下，夏文章得以悉心阅览医学秘籍及验方新篇，医术得以登堂入室。夏育荷受父传习，亦已习成医业，惜因家道贫寒，未承父辈医志。夏文章行医60余年，医绩卓著，1894年受清廷颁赐“奉直大夫”之诰命。

抗日民族英雄——王树云

王树云像

王树云(1908—1979年),男,南华县沙桥镇西街人,著名的抗日民族英雄。他17岁从军,先后在滇军干部学校和国民党陆军工兵学校学习,历任班长、连长、副营长、营长等职。曾参加过北伐战争和抗日战争,负伤5次。经蒋介石夫人宋美龄慰问请奖,1939年冬,国民党中央军事委员会和国民政府行政院通令授予王树云"民族英雄"称号,蒋介石亲书题赠"民族英雄"横幅一帧。

国民党镇南县政府为王树云修葺故宅,并于1940年正月初七在王树云家举行盛况空前的挂匾仪式,将"民族英雄"匾额装订在门楣上,匾额两边悬挂木制板瓦形楹联:"杀敌建奇功,植槐家风光民族;立功邀上赏,抗日男儿逞英雄。"

抗日烈士——潘尔伯

潘尔伯像

潘尔伯(1906—1941),男,字绍棠,南华县龙川镇中街人,云南陆军讲武堂候补生大队毕业。早年就读于云南承德中学,从该校肄业后投效滇军部队服务;后从云南陆军军士教导队结业,入南京中央陆军军官学校高等教育班第一期学习。1923 年,其随部队赴广州,任驻粤滇军第三军第一师步兵团排长,1924 年随部返回云南。1925 年 10 月奉派入云南陆军讲武堂候补生大队受训,1927 年夏毕业,任滇军步兵连长、副营长。1931 年考入南京汤山陆军步兵学校第一期学习,1932 年毕业后返回滇军部队,任国民革命军第三军第十二师第三十团第一营营长,随部转战鄂、豫、皖等省。

抗日战争爆发后,随部在冀北、晋西南等地抗击日军,任陆军第十二师第二十三旅团副等职。1939 年随部参加中条山战役。1941 年 5 月 8 日奉命在杨家荫与日军作战,为掩护师长寸性奇壮烈牺牲殉国。1941 年 6 月 6 日,云南省政府召开第三军抗日阵亡将士追悼大会,镇南县县长李廉方同期召开追悼潘尔伯团长为国捐躯大会。国民政府军政部曾发潘尔伯烈士证明书及阵亡将士抚恤令各一份。1987 年 5 月 21 日,中华人民共和国民政部向其家属颁发烈士证书。

新中国第一位彝族教授——刘尧汉

刘尧汉像

刘尧汉(1922—2012年),男,南华县马街镇沙坦郎村人。新中国第一位彝族教授,楚雄彝族文化研究院终身名誉院长、中国社会科学院民族学与人类学研究所研究员、中国社会科学院荣誉学部委员。中国社会科学院荣誉学部委员,是中国社会科学院最高学术称号,为终身荣誉,相当于中国科学院院士。其学术专长为民族学与民族史。在学术上为唐代南诏国是中国领土提供了有力的证据,对中国文明的源头作了新的探索,弘扬了彝族文化。

他主编《彝族文化研究丛书》42本。代表作有《中国文明源头新探》《文明中国的彝族十月历》等,并以此证明中国文明居四大文明古国之首。他极力促成彝族十月太阳历文化园建在楚雄。1990年被国家民委授予"全国民族团结进步先进个人"称号。1992年享受国务院颁发的政府特殊津贴。2009年荣获"国际和平传媒使者"称号。2011年当选为中国社会科学院荣誉学部委员。1997年10月9日,中央电视台《东方时空——东方之子》节目曾报道刘尧汉教授在楚雄彝族自治州(简称楚雄州)致力于彝族文化研究的事迹。美国林肯大学、法国海外科学院等著名院校曾邀请他到校作学术报告。英国伦敦剑桥国际人物传记研究中心将其编入《世界名人录》。

近代高僧——修圆大和尚

修圆和尚像

在南华的近代史上，出过一位享誉中国的佛教界人士，他就是修圆和尚。

修圆和尚，俗家姓李，名永芳，号贞训，清光绪二十六年（1900年）生于南华县镇川桥畔土城村。修圆和尚六岁时，因家贫不得以出家至镇南州城北蟠龙寺为沙弥，并被寺院送往张合屯高等小学读书，毕业后继续回到蟠龙寺修习佛法，每日与青灯古佛为伴，在寺内研习佛经，刻苦攻读。

1918年，虚云老和尚应唐继尧之邀前往昆明举办水陆大会，超度阵亡将士，修圆随师前往。水陆法会结束后，又回到了鸡足山祝圣寺，并于次年虚云大师座下受具足戒，法号“修圆”，此后更加精修佛学，勤学治寺本领。

1920年春，受云南督军唐继尧再次邀请，虚云老和尚前往昆明，栖身昆明西山碧鸡华亭峰，任华亭云栖寺住持，修圆和尚带领徒弟彻清随师住寺。在唐继尧的大力支持下，虚云老和尚开始了中兴华亭古寺的工程。作为虚云老和尚的得力助手，修圆和尚奔走四方，募集善款。还远走四川、浙江等地请来建筑、雕塑工匠，带领僧众抬石运木。共修建大雄宝殿、藏经楼、雨花台、钟楼等建筑百余间，雕塑佛像五百余尊，使得云栖古刹焕然一新。江南与云南两种建筑风格在此交织融合，使得云栖古刹成了全省佛寺之冠，昆明又多了一座优美的禅林。此举虽系虚云老和尚亲自主持，但中兴古刹期间，修圆和尚广积善缘，四处募集资金，筚路蓝缕，化缘一砖一瓦、一梁一木，功莫大焉。

1929 年，修圆和尚出任昆明胜因寺住持。1933 年，又任昆明玉案山筇竹寺住持，同年募集善款编印了《佛说沙弥十戒集注》，传发各僧众研读，大力整顿僧众戒律，将虚云老和尚"以戒为师"的治寺理论贯彻实施，取得了很好的效果。经过修圆和尚的苦心经营教化，筇竹寺僧众一改长期以来的懒散怠惰、无视戒律清规的积弊，信众逐渐增多，香火逐渐鼎盛，寺院、寺产规模逐步壮大，这是继明代以后筇竹寺的又一次发扬光大。1937 年，其组织云南僧众救护队赴抗日前线，参加抗战。1940 年，受邀前往贵州丹霞山开坛传戒，举行 49 天水陆大斋，以超度前线阵亡将士，众僧力挽其出任丹霞方丈，力辞归滇。1946 年出任昆明华亭寺方丈。

抗战胜利后，1946 年春，修圆和尚与全国其他高僧一道受蒋介石之邀赴南京参加水陆法会，超度抗日阵亡将士。其间，修圆和尚燃指供佛，一时名噪全国。

南京水陆法会结束后，修圆和尚前往广东南华禅寺，礼拜在南华禅寺开坛传戒的恩师虚云老和尚，并伴师随学。戒期毕，修圆随虚云老和尚前往云门禅寺，与恩师一起中兴云门禅寺。1947 年，因南华禅寺方丈复仁和尚退居，修圆受虚云老和尚之命代理南华寺方丈，数月后辞退。

1949 年秋，卢汉奉蒋介石之命大肆逮捕昆明进步人士，修圆和尚深明大义，掩护过不少人。解放后，修圆和尚积极参与新中国的建设，拥护国家民族宗教政策。1953 年 4 月，修圆和尚担任昆明市佛教会筹备委员会副主任。是年 5 月作为佛教界代表，在北京广济寺参加中国佛教协会成立会议。1955 年，作为宗教界人士当选云南省人民代表，列席云南省第一届政治协商会议。1957 年 3 月在中国佛教协会第二届代表会议上当选理事。5 月，昆明市准备成立佛教协会，拟任其为副会长。

随着反右斗争严重扩大化，时任昆明潘家湾胜因寺住持的修圆和尚被错划为右派，受到百般毒打、辱骂和攻击。1959 年除夕，在长期折磨和凌辱下，在胜因寺投井自尽。1960 年，昆明马街优婆夷高宽珍受南华县宝珠寺智善老尼师之请，将修圆和尚的骨灰背回南华，悄悄埋于蟠龙寺后山。

党的十一届三中全会后，修圆和尚终得沉冤昭雪，名誉得以恢复。1982 年，在宝珠寺住持智善老尼师的多方努力下，修圆和尚骨灰又从蟠龙寺迁放宝珠寺。

2003 年，宝珠寺募集善款为修圆和尚修建了海会塔，并将其骨灰安放塔中。有塔铭曰：曹洞正宗第廿九代祝圣堂上上修下圆大和尚。

修圆大师一生命运波折，九磨十难，虽住世仅短短五十九载，但他的大智大德、爱国爱教的情怀、教化世道人心的责任与担当，仍在影响芸芸众生，后人仍受着他精神上的福泽。

（陈志国整理）

镇南八景

金峰晓日

“峰顶鸣金鸡，峰边上晓日。鸡声晓色中，金光动文笔。”

镇南自元代建城，设四道城门：巩华门（东门）、文明门（南门）、来远门（西门）、龙泉门（北门）。登上城中三层楼的玉阁观日出，领略日出的神韵，“金峰晓日拱象鼻”的美景，便呈现在眼前。

《南州胜境图》中这样记述金峰晓日：“州东十里金鸡山，高出群峰，日初出即照耀山岭。题曰：金鸡之山，一峰特起。呼吸可通，去天尺咫。晓日初升，霞光如绮。朝阳鸣凤，梧桐生矣。”其景在今楚雄州烟叶复烤厂背后。金鸡山，也称老象山，属龙川镇罗家屯社区所辖。

珠盘叠翠

“空翠浓无著，大珠小珠落。叠叠走盘间，付之山灵托。”

《南州胜境图》中这样记述珠盘叠翠：“城北十五里珠盘山，峰峦盘叠如珠。题曰：山名珠盘，峰回路转。一串牟尼，曲折深窅。积翠重重，青光了了。静憩林荫，时闻啼鸟。”今从两旗海湿地公园、德茂温泉庄园、宝珠寺往北，在小古坝尾，水河与另一小溪交汇处，正上方山梁即为“珠盘叠翠”，属龙川镇火星社区所辖。

桂井飘香

“八角亭边露，幽香处处浮。桂飘云外彩，井挹古来秋。美酒供千瓮，名茶试一瓯。汲深功已到，预兆广寒游。”

《南州胜境图》中这样记述桂井飘香：“城东五里桂花井，水甘洌，井上旧有丹桂二株，旁有八角亭，今废。题曰：八角亭古，双桂花芳。花不常在，亭亦就荒。沧桑屡易，水味如常。汲以修绠，涤我诗肠。”其景在今楚雄州烟叶复烤厂大门外，健达驾校所在，属龙川镇海子山社区所辖。如今桂花树已不见踪影，古井也已毁。过去，南华县贸易公司曾在此建酒厂，生产“桂花酒”。

古城烟雨

“雨细复烟轻，今城望古城。高原多瘠土，几处乐深耕。”

寻访烟雨中的和子城遗址，驻足龙川江畔，发思古之幽情，见景抒怀，古城烟雨尽收眼底。

《南州胜境图》中这样记述古城烟雨：“古和子城在州东二里，旧建东岳庙于其地，右有镇川桥，左有锁水塔。雨中登高远望，烟树溟濛，楼阁参差，如披图画。题曰：和子旧城，胜迹孔多。群山绕岸，石壁临河。淡烟笼树，疏雨乍过。登高览胜，诗思如何。”今南华土城桥水生态公园和土城村，是古和子城所在，镇川桥（也称土城桥）横跨龙川江。今归属龙川镇火星社区所辖。

寒泉映月

“寒泉清无滓，寒月共千里。夜夜汇虚明，静中藏妙旨。”

《南州胜境图》中这样记述寒泉映月：“城西五里西山绝顶有寺，寺旁有泉水极清，月照水中，光华四映。题曰：爰有寒泉，西山绝顶。皓月临空，天高地迥。金波下映，青光炯炯。谁扣禅关，山僧未醒。”民国二十九年(1940年)，县长赵正岳置西山公园。目前，还留有清康熙镇南州知州陈元手书“寒泉映月”墨迹。重建的西山古刹大雄宝殿内的佛像为木雕，世所罕有。今南华高铁站西侧的西山寺，属龙川镇平山社区所辖。

鹦鹉来青

“咫尺瞩春岭，古来昭应灵。莫嗟鹦鹉去，山势北来青。”鹦鹉山，古称昭应山，也叫鹦鹉山，是鹦鹉筑巢栖息的地方。旧时，建有吕祖阁、三宫殿、土主庙等建筑。

《南州胜境图》中这样记述鹦鹉来青：“城西鹦鹉山巍然耸秀，林木翁蔚，岚光下映。城阁有排闼送青之势。题曰：苕峣鹦鹉，城西画屏。孤峰突起，高插青冥。苍苍松竹，环绕山亭。云收雨霁，满阁来青。”今鹦鹉山公园承前启后，松柏掩映，鸟语花香，秀色可餐。公园由得翠廊、龙川轩（航海家郑和故里碑）、抱月亭、来青阁、来青湖、鹦鹉山庄、革命老区纪念石碑等景点组成，是市民休闲的好去处。而航海家郑和故里碑是鹦鹉山公园的镇山之宝。今鹦鹉山公园，属龙川镇西云社区所辖。

苴水盘龙

“此地沧桑屡变迁，我来刚遇菊花天。盘山苴水依然在，不见先生垂柳篇。”龙川江绕城九曲，势若盘龙。龙川江发源于南华苴力铺，旧称苴水。

《南州胜境图》中这样记述苴水盘龙：“龙川江一名苴水，曲折东流，势若盘龙。题曰：龙川之水，曲似盘龙。春波漾漾，秋涛汹汹。夹岸烟树，环拱高墉。登城一望，清赏可供。”苴水盘龙指今龙川江灵官桥至车子塘流域。

平桥烟柳

平桥烟柳

“桥外澹烟丝，桥头杨柳枝。君看烟柳际，中有古别离。”乾隆二年（1737 年），南华先生邑人陈封舜金榜题名，成为镇南（南华）历史上首位进士。留下写灵官桥的《平彝桥》，诗云：平桥经野渡，卧浪漾晴晖。柳絮铺烟密，花蔫带露肥。山光迎旅辔，曙色点征衣。勒马遥观处，雄州隐翠微。

《南州胜境图》中这样记述平桥烟柳：“城西六里有平彝桥，跨白龙河上，两岸多古柳，行人每憩于此。题曰：白龙河水，通以平桥。驿程来往，过客连镳。烟笼古树，絮扑征貂。一枝折赠，别绪条条。”今县城西郊灵官桥一带，属龙川镇灵官社区所辖。

龙川江从这座历经 400 多年沧桑的古桥淙淙流淌。灵官桥为三孔石桥，主孔复小孔，石雕护柱，桥墩棱形，静卧石狮，石桥造型优美俊雅。民国初年，李根源在此建“郑和庙”。另据南华原县长赵凯记述：灵官殿在解放前，每年农历六月十六日是“灵官老爷”诞辰日，四面八方的民众到此朝拜，香火很旺。大殿中有一副木制楹联，内容是：谋人田骗人钱淫人妻女，纵来烧香也无益；忠于君孝于亲信于朋友，见吾不拜又何妨。横匾云“补教育法律之不足”。此联匾由张祖荫先生所作，蒋松书写。隶书，蓝底白字。

沙桥八景

雄岭松涛

雄岭松涛

石桥河龙箐梁子旧称雄岭，位于天子庙坡最高处。这里群山苍翠，波涛如海，草甸柔软，万绿丛中点缀着许多鲜艳的马缨花，林间啁啾的鸟鸣悦耳动听。站在石桥河龙箐梁子眺望，可目及南华县城、沙桥古镇和凤山湖。彝族民众时常在高山草甸跳左脚舞，举办龙箐梁子歌会。

丝路古道

丝路古道

在于栖么羊纪冲松树林里，至今存留着一段两千多年前开辟的秦五尺道，这是中国最早从四川通往印度的商业古道——蜀身毒道，比张骞出使西域的北方丝绸之路还要早两百多年。古道旧有英武关，毗邻的天子庙，传为南明永历帝朱由榔露宿而建。沙桥民间称此古驿道为通京大道、官道、马路。1936 年 4 月，贺龙元帅率红二军团长征经羊纪冲进入祥云县，于 1936 年 10 月在宁夏将台堡与红一方面军胜利会师。

状元折柳

状元折柳

1528年春，明代三大才子之一的杨升庵，被嘉靖皇帝削去原籍，贬谪流放到云南永昌（今保山）。

当他来到镇南苴力铺时，折下一枝垂柳抚于手中。面对“天下状元贬谪蛮荒之地”的人生际遇，杨状元触景生情，在苴力铺写下了传世之作《垂柳篇》。

苴水源流

苴水源流

龙川江发源于沙桥天子庙坡东侧鱼肚拉蒲藻塘，古称苴水，是金沙江南岸的一级支流。康熙《镇南州志》中有“苴水盘龙”之赞誉，即龙川江曲折东流，势若盘龙，经南华、楚雄、禄丰、元谋诸县市，最终汇入金沙江，水资源十分丰富。龙川江流域面积九千多平方公里，落差一千六百多米，养育了楚雄百万人口。沙桥是龙川江的源头，龙川江是楚雄州各族人民的母亲河。

红色大田

红色大田

边纵八支队二大队整训纪念塔位于沙桥瓦黑井大田村。1949 年 2 月，滇西人民自卫团二大队两百多人集中整训改编在大田进行。大田还有一座美国空军罗克弗德中尉纪念碑，是为了纪念美空八军第十四航空队罗克弗德中尉在援华抗日物资运输飞抵大田上空时撞山牺牲。1999 年，大田村被中共楚雄州委、楚雄州人民政府命名为“爱国主义教育基地”。

滇缅盘旋

天子庙坡顶是滇缅公路海拔最高点，而天子庙坡是滇缅公路“四大名坡”之一。滇缅公路在南华境内全长 36 公里。由于山高谷深，弯急坡陡，于 1961 年改道而废，遗弃已达半个多世纪。位于沙桥向阳冲的老滇缅公路遗迹作为文物被完整保护下来，是全人类重要的文化遗产，也是沙桥人民的一笔宝贵财富。滇缅盘旋已被列入沙桥八景之一。1961 年 9 月，时任全国人大常委会副委员长的郭沫若远涉重洋，对印尼、缅甸进行友好访问，归国时顺道乘车视察滇西，途经海拔 2600 米的南华县天子庙坡，此地旧有天子庙，相传明朝桂王朱由榔（永历帝，年号永历）逃缅被逮解回国途中露宿此地，后人以此建庙祀之，“天子庙坡”由此得名有感。郭沫若宿楚雄时，写下《天子庙坡》。

滇缅公路海拔最高点标志

修建滇缅公路时使用的石碾子

南泉钟声

南泉钟声

南泉寺位于凤山湖南岸，为沙桥名胜古刹，佛教圣地。留有清翰林学士赵藩、著名爱国将领李根源、梅花老人郭燮熙、清代雍正举人严正身等众多文化名人的杰作。

板桥烟雨

板桥烟雨

沙桥的毛板桥水库风景区，也称凤山湖景区。凤山湖有两张脸，秋冬春三季烟波浩渺，群山环抱；夏季湖水退去，露出草甸，似大草原，为沙桥奇景，形成山水、古寺、古道、高速、高铁相映成趣的独特景观。

（普显宏[①]整理）

① 普显宏：男，彝族，1963年2月生，云南牟定人。中国少数民族作家学会会员，楚雄州文艺评论家协会副主席，著有《郑和与南华》《艾芜研究札记》《普医生手记》等28部。

雨露八景

龙顶晓日

龙顶晓日

龙顶寺山位于雨露乡罗文村委会，海拔 2310 米，为雨露乡最高峰，因山顶旧时建有龙顶寺而闻名于南华及楚雄两地。据康熙《镇南州志》载，龙顶寺，崇祯年间僧方逵建，后楚雄县(现楚雄市)土县丞杨宗儒重修，现存《重建龙顶寺碑记》一块。每当东方红日破晓，青山映苍穹，野花沐朝霞，龙顶山日出景象蔚为壮观。

力戈清潭

力戈清潭

力戈龙潭位于龙顶寺半山腰，面积 3 平方公里。这里古木擎天，虬枝峥嵘，藤蔓攀附，林木葱郁，绿影婆娑，有上、中、下三股碗口粗的清泉从石缝处喷涌而出，是雨露方圆十里民众崇拜的神潭，曾经是文人雅士春游踏青、夏日避暑的好去处。古人曾赋诗："力戈龙潭风景美，游览圣地舒心田。千年古树拔地起，万代龙王喷清泉。"

灵石唤月

灵石唤月

雨露有奇石，一为罗摩石，位于河头村山坡上。《南华县志》记载，罗摩石高、直径各约 3 米，形似鸡蛋，小头立于地面一块石板上，大头朝上，顶上稍平，长草一蓬，冬枯夏绿，留下了罗摩娘娘美丽神奇的传说。二为胎盘石，位于力戈村河边，呈横卧状，中间有一孔，酷似人体胎盘。康熙《镇南州志》中称之为“龙神石”，白族称之为“胎盘石”，留下了土主降生的传说。

古祠灯影

古祠灯影

“五丛”大庙是雨露白族祭祀土主的地方，“龙神石”下诞生的土主叫钱三老爷，是一个会人语的神石。他在兵戈四起、灾害频繁、民不聊生的年代，率领雨露民众奋起反抗，百战百胜，为民消灾消难。战乱平息后，百姓安居乐业，人们把钱三老爷视为民族英雄，立庙奉为土主。每年农历正月初八土主诞辰日，人们汇集在“五丛”大庙集中表演，纪念歌颂“钱三老爷”的功德，祈祷“五丛”百姓风调雨顺，国泰民安，五谷丰登，六畜兴旺。

五丛献彩

五丛献彩

“五丛”大庙是雨露白族祭祀土主的地方，土主叫钱三老爷，是一个会人语的神石。他在兵戈四起、灾害频繁、民不聊生的年代，率领雨露民众奋起反抗，百战百胜，为民消灾消难。战乱平息后，百姓安居乐业，人们把钱三老爷视为民族英雄，立庙奉为土主，隔年举办盛大的“接佛”仪式。

杨方风雅

杨方风雅

杨方村原来叫杨方坝，是一个用于蓄水灌溉的小坝塘。此处风景如画，有一排排具有浓郁白族风情的小洋楼。格子门、横披、耍头、吊柱，玲珑剔透的三五层透漏雕，山水动物、花鸟虫鱼栩栩如生。独具特色的白族民居，宽敞的民俗文化广场，美丽的水体景观三者合一。还有乡愁美食、回味悠长的“雨露土八碗”特色美食。

耐桥烟雨

耐桥烟雨

位于雨露袁家垭口的耐桥水库，碧波荡漾，田畴阡陌，风景如画。水库边上的阿呀噜田园农庄风景秀丽，白族风情浓郁，美人美食美景，灿烂如霞万寿菊，让人流连忘返。此处的建林枣业基地，种有杨梅、沃柑、脐橙、冬枣和软籽石榴等水果，一年四季瓜果飘香。

向天遗迹

向天遗迹

李家山火葬墓群位于雨露乡政府东北山冈，为宋、元时期彝族火葬罐墓，县级重点文物保护单位。新中国第一个彝族教授、彝学泰斗，南华马街沙坦郎人刘尧汉亲临踏勘。彝族向天坟与古老的“十月太阳历”有关，是“门朝着天开的墓葬”，是观察天象的地上坐标，被誉为“东方金字塔”。

（普显宏整理）

红色文化

张舫烈士纪念广场
(县城图书馆前)

张舫烈士纪念广场

南华,是云南省解放战争时期46个革命老区县之一。自新民主主义革命以来,无数南华儿女为抵御外敌入侵、争取民族解放、谋求人民幸福忧国忘家、捐躯济难,共同镌刻了红色南华不朽的历史丰碑。南华县委、南华县人民政府研究决定,于2023年3月启动建设“张舫烈士纪念广场”,2023年9月30日建成揭幕。

纪念广场由献花台、张舫烈士塑像、战争模拟场景、烈士英名墙、广场主题壁等烈士纪念设施构成。张舫烈士塑像基座高1.2米,塑像高3.2米(寓意张舫烈士牺牲时32岁),根据张舫烈士生前照片,采用新材料雕塑而成。张舫烈士塑像背后相对较高的建筑是烈士纪念广场主题壁,主题壁高6.6米,长28米,采用弧形设计,与烈士英名墙交叉构造。左侧题写毛泽东同志手书“人民英雄永垂不朽”。右侧题写2015年9月2日习近平同志在颁发“中国人民抗日战争胜利70周年”纪念章仪式上的讲话:“一个有希望的民族不能没有英雄,一个有前途的国家不能没有先锋”。主题壁右侧三个“门”造型的镂空,寓意推开历史的大门,走向繁荣富强的新时代。

烈士英名墙共镌刻南华县已颁发烈士证的141名烈士的姓名。其中,“大革命时期”牺牲烈士1人,“抗日战争时期”牺牲烈士1人,“解放战争及清匪、反霸斗争”中牺牲烈士40名,“抗美援朝战争”中牺牲烈士41名,“对越自卫反击战”中牺牲烈士19名,在“其他战役或社会主义建设”中牺牲烈士28名,“外地在南华牺牲并安葬在南华”烈士11名。他们中还有抗日民族英雄潘尔伯,有对越自卫反击战一等功臣者安贵等烈士。这些英烈的形象在历史长河中熠熠生辉。

解放战争时期革命老区县纪念石
（鹦鹉山公园）

解放战争时期革命老区县纪念石

参加武装反蒋和建设滇西革命游击根据地是南华历史上光辉的一页。为纪念南华人民的历史贡献，加强爱国主义教育，弘扬革命老区精神，发展“红色旅游”，全面建设小康南华，中共南华县委于 2004 年 10 月 26 日决定，修建“南华革命老区县”纪念标志。

标志底座为钢混石结构，长 3 米，宽 3 米，深入地下 1.3 米，高出地表 0.8 米，外围用石林石装饰。标志石取自雨露乡松树地，宽 1.7 米，厚 1 米，高 3.4 米，重 14 吨，2006 年 5 月建成。

中共镇南师范地下党支部纪念碑
(南华一中)

中共镇南师范地下党支部纪念碑

1936年10月6日至1949年10月6日,云南省立镇南师范学校在南华开办。中共云南地下省委为了把镇师作为地下党开展革命活动的一块阵地,先后派出刘浩、赵国徽等同志到镇师开展地下活动,逐步发展党员。

镇师地下党组织的发展,首先是在进步青年中组织"读书会",然后从"读书会"的积极分子中发展"中华民族解放先锋队",最后又在"中华民族解放先锋队"队员中发展党员,形成了党的周围有"民先","民先"周围有"读书会"的局面。

1938年12月,经中共云南地下省委批准,镇南师范党支部正式成立,杨正芳任书记,王秉鋆任组织委员,席以祥任宣传委员。镇师党支部的主要任务是传播马列主义,团结和争取进步师生，发展壮大革命力量，宣传中国共产党的抗日主张，积极开展抗日救亡活动，激发民众爱国主义热情，巩固和维护团结抗战局面。随着镇师党员学生的毕业，镇师党支部在楚雄、大姚两县成立了党小组，其他各县有党员零星分布，继续坚持党的地下活动，积蓄革命力量，并与杨正芳保持单线联系。

镇师地下党支部是镇南县（南华）历史上第一个党支部，当时由中共云南地下省委直接领导。解放战争时期，受党影响的一些进步师生在镇师加入"云南民主青年同盟"小组，很多师生走上了革命道路，成为云南反蒋武装斗争的骨干力量。其中赵国徽、王秉鋆等一批同志成长为党和国家的中、高级干部。镇师地下党及其外围组织为滇西培养和输送了革命火种，为中华民族的独立和解放作出了重要贡献。

大田边纵八支队纪念碑
（沙桥镇大田）

大田边纵八支队纪念碑

1998年1月18日，沙桥镇瓦黑井村委会大田村102户村民联名具文上报，要求在新修"五七水池"的同时修建边纵八支队纪念标志。经费方面，全村328人，人均捐资30元，合计捐资9840元。不足部分请时任政协南华县委员会主席的罗章贤帮助筹集。劳力方面，原计划全村102户户均投劳1个，合计102个，实际投工6400多个。1998年春至1999年4月完成新建，总投资6.9万元。2004年4月9日至2005年4月15日，投资4.1万元进行扩建。

大田边纵八支队纪念碑由五七水池、思源亭、纪念塔、大田整训改编简介碑、爱国主义教育基地标识碑及绿化带组成，整个纪念设施呈正方形，占地面积625平方米。1999年12月13日，中共楚雄州委、楚雄州人民政府将"大田边纵八支队纪念碑"命名为楚雄州第一批"爱国主义教育基地"。

美空军罗克弗德中尉纪念碑
(沙桥镇大田)

1943年10月25日(农历九月二十七日)11:30左右,美国空军飞虎队罗克弗德中尉在援华抗日执行任务中,飞机飞抵大田村上空时,因大雾弥漫,不幸撞在大田村后150米的山上,罗克弗德中尉当场壮烈牺牲。

为缅怀和弘扬罗克弗德中尉的国际主义精神,在纪念中国人民抗日战争暨世界反法西斯战争胜利六十周年之际,经曾任南华县政协主席的罗章贤同志倡导组织,大田村村民捐资投劳修建此纪念标志,将罗克弗德中尉在中国人民抗日战争中的英勇献身精神,永远载入中美人民的友好史册。

美空军罗克弗德中尉纪念碑

坠毁飞机的残骸

解放战争时期滇西革命游击根据地凤文永区纪念碑（五顶山乡）

解放战争时期滇西革命游击根据地凤文永区纪念碑

解放战争时期滇西革命游击根据地凤文永区纪念碑建在南华县五顶山乡文化站，总投资4万元，建成于2011年10月13日。纪念碑呈竖立大刀状，由相似刀把的四级台阶和刀面组成，总高5.12米。纪念碑正面直书“解放战争时期滇西革命游击根据地凤文永区纪念碑”22个大字，落款是“中共南华县委、南华县人民政府”；纪念碑背面是《凤文永区简介》，落款是“中共南华县委党史研究室”。

解放战争时期，中共云南地下党根据《中央关于在蒋管区发动农民武装斗争问题的指示》，决定在云南省开展大规模的反蒋游击武装斗争，钳制国民党在云南的部队，在战略上起到配合作用。其中，滇西工委在凤文永区拉起了一个游击大队，李郁荃任大队长，并先后编入“滇西人民自卫团""中国人民解放军滇桂黔边纵队第八支队""楚雄军分区独立团"。为配合武装斗争，中共滇西工委、滇西地方行政委员会于 1949 年 6 月初，在柳德小学建立了凤文永区人民政府，同年 11 月中旬迁到力苴地母庙办公，李晴海、周立民、左阳先后任主席。凤文永区政府下辖凤羽（柳德）、文雄（马街）、永隆（兔街）、牛街（今属弥渡县）四个分区政府。凤文永区是滇西较为巩固的一块革命游击根据地，它能有效为部队提供粮草，输送兵员，带路送信，运送伤员。这里的人民安居乐业，部队回来休整时如同回到了自己的家。由凤文永区人民支持和参加的敌后游击战，像一把钢刀插在了敌人的背后，有效配合了解放大军在正面战场的作战，为解放战争的胜利作出了贡献。

马街烈士陵园
(马街镇)

马街烈士陵园

中国共产党领导全国各族人民，经历了长达二十八年的反帝、反封建、反官僚资本主义的艰苦卓绝的革命斗争，终于迎来全国人民的解放。1949 年 10 月 1 日，毛泽东主席在天安门城楼庄严宣告:中华人民共和国中央人民政府成立了。中国人民从此站起来了。马街地区成立了农抗会和区政府，组织各族人民开展了迎军、征粮、支前等工作。然而，反动阶级的地主恶霸却不甘心失败，妄图东山再起卷土重来，他们四处活动，暗地串连，与国民党残余势力相互勾结，组织反革命武装暴乱，妄图推翻新生的红色政权。

1950 年 5 月 12 日(农历三月二十六日)晚上，土匪武装包围袭击了官上二龙山农抗会，农抗会的一位副会长和一个民兵中弹牺牲，党派来的指导员胡明珠、自建宾两位同志不幸落入敌人魔爪，土匪将他们严刑拷打后在官上羊街当众杀害，并疯狂叫嚣要把共产党的大小干部和游击队家属全部杀光，斩草除根。与此同时，土匪杀害了在柳德工作的指导员吴富农同志，在三尖山杀害了由马街到南华开会的指导员李逢仲同志。反革命、反人民的气焰十分嚣张。

在这紧急关头，中国人民解放军十四军四十师一一八团奉命从弥渡星夜赶到马街清剿土匪，保卫新生的人民政权，保卫人民的生命安全。

1950 年 5 月 21 日(农历四月五日)夜间，暴乱土匪分两路围攻马街区政府。一路从楚雄哨区毕达出发渡过礼社江经法空，企图占领魁阁；一路从锈水塘出发经白龙村从蚂蚁堆扑向区政府，均遇到猛烈回击。次日晨，解放军进行反击，至中午将叛匪击溃。战斗中战士黄亚贵、王春保、周有庆、张全平、姚常林、张振海等六位同志为人民的利益光荣牺牲。

毛泽东同志说："成千成万的先烈，为着人民的利益，在我们的前头英勇地牺牲了，让我们高举起他们的旗帜，踏着他们的血迹前进吧！"烈士们的英勇牺牲，将永远鼓舞我们坚定建设社会主义的信心和决心。烈士们的革命精神，像春天浪漫的山花，将永远盛开在哀牢山。烈士的英灵，与哀牢山永存！

中共南山区委南山区人民政府纪念碑
（一街乡大蛇腰）

中共南山区委南山区人民政府纪念碑

解放战争时期，中共云南地下党根据《中央关于在蒋管区发动农民武装斗争问题的指示》，决定在云南省开展大规模的反蒋游击武装斗争。为配合武装斗争，中共滇西工委于1949年4月在一街建立了英永玉政治裁定处，7月建立了南山区人民政府，10月建立了中共南山地下区委，张洲先后任处长和主席，余新民任区委书记。

南山区人民政府辖英武（老厂）、永宁（一街）、玉屏（阿脑）、腊梅（今姚安县弥兴）四个分区政府和平桥（沙桥）治安委员会。南山区是滇西较为巩固的一块革命游击根据地，为解放战争的胜利作出了贡献。

红军长征过镇南纪念碑
（沙桥镇天申堂）

红军长征过镇南纪念碑

1936 年 4 月 16 日，中国工农红军贺龙第二军团长征时经过镇南，沿龙川江平桥烟柳的古驿道宿营沙桥。红军长征过镇南，历时 3 天，途经龙川、沙桥镇 69 个村寨，行程 62 公里，沿途宣传革命道理，发动群众，在镇南各族人民中留下了深远的革命影响。

红军长征过沙桥陈列馆(沙桥镇)

红军长征过沙桥陈列馆

沙桥有着光荣的红色革命历史。在这片土地上,有1936年共产党领导的中国工农红军长征路过沙桥的红军路遗址,有解放战争时期从这里走出的一支红色队伍——中国人民解放军滇桂黔边纵队第八支队,有一座中国老百姓为一名美国空军中尉竖立的纪念碑,还有遍地的红色故事、红色经典和红色记忆,是孕育红色理念的"摇篮"、砥砺初心的"教材",是党史学习教育的"课堂",也是观光旅游的"胜地"。

建设沙桥镇红军长征纪念馆,对沙桥镇传承和弘扬长征精神,保护和开发以长征文化为代表的红色文化资源,让长征精神和长征文化焕发出新的时代风采起到重要作用。南华县沙桥镇红军长征过沙桥纪念馆建设项目位于沙桥镇沙桥村委会,占地面积约2000平方米。新建沙桥镇红色主体文化纪念馆一座,共2层,打造文化广场500平方米,包括展馆内外装饰、雕塑、模型及其他配套设施。该项目于2022年11月开工建设,2022年12月完成建设,12月25日完成竣工验收。竣工结算总价为45.698万元,其中40万元由中国石油大学帮扶解决,其余资金由政府自筹。

文化名胜

南华古今楹联

李天永[①]

近日，翻阅《南华县文化艺术志》，发现里面记录了不少南华古今楹联，在这些楹联中，不乏闪耀的名人足迹，引起笔者极大兴趣。

对联雅称楹联，俗称对子，是汉语言独有的文学形式，对联艺术是中华民族的文化瑰宝。按照张贴位置分类，有贴在门上的春联，有题在相对两根柱子上的楹联，有挂在堂屋正面墙上的堂联等等。按照用途划分，有寿联、婚联、挽联、名胜联等等。

明清民国时期的楹联

光绪丁未年(1907 年)，南华名士徐久野的父亲徐雨峰久卧病榻，思念故乡之情日深。徐久野为了让父亲安心养病，在翠湖畔一栋名叫"一丘田"的宅院内开设"菱湖画舫"。闲暇时摹描《镇南州志》所载十六景，自绘两景，装订成册，名《南州胜景图》，供父亲卧赏，以此慰藉父亲的思乡之情，减轻父亲的病痛。

民国己未年(1919 年)，徐久野应画界同仁、省城各校校长"用广其传"之请，将《南州胜景图》印制成册，由袁嘉谷题书名，赵藩作序，赵鹤清、周钟岳、由云龙、郭延年等名家按图配诗，甘德炳为之作跋，刊印后，一时在"三迤"(即西南地区)流传甚广。护理江西巡抚张绍华，于镇南城西逯家屯侧题"久野草堂"摩崖石刻以记("文革"中已毁)。这是一部名家荟萃的精品之作。

《南州胜景图》里有关"寒泉映月"的图文中记述：城西五里西山绝顶有寺，寺旁有泉水极清，月照水中，光华四映。题曰："爰有寒泉，西山绝顶。皓月当空，天高地迥。金波下映，青光炯炯。谁扣禅关，山僧未醒。"这里曾有一副由担当书写的楹联。据云南大学出版社《历代名人在楚墨迹》记载，因年代久远，寺毁联失，现仅存下联。担当：明代著名书画家，原名唐泰，字大米，出家为僧，法名普荷，后更名为担当，云南晋宁人。这副楹联是这样的：

佛法隐在霜雪当中，若不受些苦寒谁求有醒。

仙风出于烟霞之外，必须离了尘土始得飘然。

此联富含隐喻，有如苦寒中的梅花，在世俗之外领悟暗香，加上明代著名书画家担当飘逸俊秀的书法，在岁月深处留下一道独特的文化景观。

---

① 李天永：男，彝族，1967 年 11 月生，云南南华人。中国作家协会会员，鲁迅文学院民族班学员，南华县作协主席。著有《火把花》《心轻如燕》《彩云朝》《龙川春水》等 10 部作品。获得过"滇西文学奖""中国短诗大赛铜奖"。

据传清雍正丙午科举人严正身(沙桥人)为西山寺撰写过一副楹联,原联悬于西山寺观音殿:

石峡通风度出西山爽气,

寒泉映月引来南海慈光。

飞凤山南泉寺又名南山寺,坐落在沙桥镇南飞凤山麓,与沙桥古驿隔着毛板桥水库,一泓碧波,五峰苍翠,风光旖旎。该寺创建年代不详,清康熙五十四年(1715年)立《重建南泉寺碑记》记载:"南泉为普庵寄迹之区,仙风婉在,圣迹依然;清溪绝伦,不啻三峡临流,山茶满径……"普庵和尚(1115—1169年),是南宋临济宗著名高僧。由此证明,南泉寺至少是创建于大理国时期的千年古刹。清道光二十三年(1843年)《楚雄府镇南州正堂》告示碑载,明嘉靖间夏氏重修,康熙年间余殷二氏重建后楼,"供玉皇,楼下塑三元及观音、真武像,中殿供三世佛及圆觉像,前楼有韦陀像,僧舍、厨房、客堂咸备"。且为西界义学馆地,常住香火田160余亩,1940年辟为南山公园。时任云南军政府总长兼参议院院长、节制迤西各属总司令的李根源,曾在南泉寺题有一副赠贞惟和尚的楹联,此联悬于南泉寺客厅中堂:

仙露明珠方朗润,

松风水月比清华。

曾为成都武侯祠题联和书写昆明大观楼长联的剑川人赵藩,在沙桥留下了《晚次沙桥》的诗:

村树依微落照边,时从树杪望炊烟。

寒鸦归去争华表,断雁饥来下野田。

误喜科名酬远志,愁随车马送流年。

倦游方信闲居好,雨滴槽床被酒眠。

此外,由赵藩书写的"南泉寺"三字大匾悬于寺门之上,并题有一联:

离俗未曾三里远,

近山直觉万缘清。

沙桥镇南泉寺还有赵藩的一副楹联悬于客室中堂:

清溪白石出,天寒红叶稀。

山路原无雨,空翠湿人衣。

另郭燮熙也有多副楹联传世。

落日有怀孤石独拜,

春风所在百花自生。

花气每为诗人所觉,

夜静能使画理自深。

郭燮熙在南泉寺赋有《忆南泉寺茶花》:

"空山兰若得春先,合瓣茶花朵朵圆。万绿扶持如捧日,千红灿烂欲烧天。英华早许超群卉,根底还知厚百年。老干奇葩何处所,东风吹梦到南泉。记得诸天在上峰,入林便觉界清凉。松涛谡谡含风响,竹粉娟娟带露香。花笑牡丹空富贵,草怜冬绿泱圌芬芳。山中最是山茶好,万朵红云礼玉皇。”

这篇抒写茶花的诗词，把茶花从地上写到天上，万花丛中一枝独秀，与兰花媲美，比牡丹高洁。南泉寺还有郭夔熙撰赠贞惟和尚的楹联，悬于客堂厦柱上：

公为苦行贫僧八千里重游西竺，

我是梅花老叟四十年再访南泉。

郭夔熙书于故乡斗山斗母阁的楹联：

北斗七星射文光而在上，

南山双塔浮翠影与俱来。

从文史资料中，我们看到，每逢春节，郭夔熙不光为自家书写春联，还为乡邻书写。对联中阐述了教育的重要性和他的人生修为。郭夔熙书写本宅的春联：

古今来许多世家莫非积德，

天地间第一等事还是读书。

郭夔熙书写的本宅堂联：

梅是几生修到，

花从初放开来。

郭夔熙为西街严静轩所开的“双合祥”土杂店撰写的门联：

双流不息龙川水，

合作常生象岭云。

郭夔熙自拟七旬寿联：

挹孟夫子高风一树松云垂荫美，

跻陆放翁大寿万花梅雪写香清。

此联总结概括了郭夔熙自己的一生：传承发扬孔孟国学，从中汲取营养，长成了华盖垂荫、高风亮节、巍然挺立的一树青松，可以说是学有所成；寿比放翁陆游，仿佛雪中万花齐放的梅花清香拂面。把自己和陆放翁放在一起，虽只是比寿，却反映出郭夔熙对自己诗文的自信。这不仅是郭夔熙一生爱梅的真实写照，也从另一个侧面暗喻自己国学、诗歌取得的成就，现在看来是名副其实的。

郭夔熙自撰寿基桅杆联：

文峰双雁塔，

画案一虹桥。

此联中双塔指文峰塔和松山塔。郭夔熙真是一个可爱的“梅花老人”，把生死当作一座桥的两端，将梅痴发挥到了极致。

笔者和县文化馆文物管理所所长陆志坚从县史志办收藏的字画中看到夏育荷先生书写的一副保存较为完整的对联（其余几副皆有残缺）：

万顷烟波鸥世界，

九秋风露鹤精神。

此联书写碧波万顷的湖水变成鸥鸟的乐园。时值晚秋，信步于晨露凉风中的白鹤超凡脱俗。这是作者人格魅力的一种展示。

民国二十五年(1936年),清己酉科拔贡夏怡润撰书悬于南泉寺养身亭的楹联:

山寺碧留云龙树迄今千岁老,

水亭红映日梅花刚盼二分春。

清雍正丙午科举人严正身(曾任浙江绍兴知县)为南泉寺撰写的楹联:

万里风尘钟鼓南流请过客,

千重云水关河西渡问金仙。

清丁酉科举人余亲贤为南泉寺贞惟和尚撰书,悬于客堂内,横批为“洁身务本”的楹联:

竹院早为僧顿使身同流水净,

萱堂还养母勿劳望断白云飞。

民国二十四年(1935年),余亲贤为南泉寺养泉亭撰写楹联一副,悬于养泉亭:

好山好水出东阁不三里而至,

是亭是阁占南泉第一景如何。

镇南县长夔龙为南泉寺撰写楹联一副:

寻得此间真佛地,

更须何处访桃园。

灵官桥位于南华县城西约5公里处。公元1601年,由时任镇南知州的周国庠主持建造,并带头捐献银两,这里有古镇南州八景之一的“平桥烟柳”。灵官桥因明朝时桥西有座灵官殿而得名。据楚雄州志办原副主任杨春茂《郑和幼年流落镇南说》一文记载:“城西沿滇缅公路旁有一幢明代建筑的灵官殿,也于民国元年根据李根源先生的建议,毁去神像改为‘郑和庙’,匾联一度林立(现已无存,遗址尚在)。”此事民国《镇南县志》也有记载。这应该是早年被毁的龙川江上灵官桥头西边的灵官庙。另据南华县原县长赵凯记述:灵官殿在解放前,每年农历六月十六日是“灵光老爷”的诞辰日,四面八方的民众到此朝拜,香火很旺。大殿中有一副木制楹联,内容是:

谋人田骗人钱淫人妻女,纵来烧香也无益;

忠于君孝于亲信于朋友,见吾不拜又何妨。

横匾云:“补教育法律之不足”。此联匾由张祖荫先生所作,蒋松书写。

张祖荫:男,字槐三,南华县龙川镇张和屯人,生于1880年,卒于1942年。1911年参加“重九起义”,官至昆明市市长。此联颇含哲理及警训之意,在迷信盛行的封建社会,乃至今日,对某些口是心非者,仍是一种绝妙的警示。

南华,旧称镇南,明、清时佛教渐兴,最盛时在民国时期。佛寺的楹联都是佛教经典、明辨善恶的诗词,配上书法的映衬,形成一种独特的人文景观。南华佛教的兴盛与张尚岐父子和修圆和尚有关。张尚岐是南华县龙川镇张和屯人,据说在昆明读书时被华亭寺的虚云方丈点化。虚云方丈说练武只能敌十人百人,但佛法能普度众生,令世界祥和。张尚岐心有所感,高中毕业后便皈依佛门,在华亭寺削发为僧,不久到浙江石佛寺修行并成了该寺的方丈。张尚岐之父张以文也在儿子的感染之下皈依佛门,在南华县倡导佛教,建佛寺,又常到华亭寺向在那里修行的南华高僧修圆和尚求教。修圆几次到南华讲经说法,听者数百人,盛况空前。张尚岐在浙江修行期间,以舌血沾墨抄写《金刚经》《华严经》等佛教经典,在浙江成为有名的高僧,人称“大和尚”。

根据《张和屯家谱》记载,张和屯历史悠久,现在的小学校址过去是张氏祠堂,旧时每年两仲

（即旧历二、八月），村里的当事人传集各户当家人及同宗居外村主人来祠堂祭祖。祭祖时，乐队诵经演奏，登堂党庄严肃穆，香烟缭绕。正殿里竖着张春、张和的祖宗牌位，还有“钦赐袭忠勇将军第”的长匾，厦子上方悬挂着“济水源长”的匾额，两根厦柱上有一副楹联：

十八世宗功丕根乃文乃武，

五百年祖德流芳序昭序穆。

楹联记载张和屯先祖明朝戍边，世居南华五百年十八代，能文能武。另据《南华县志》南华部分汉族祖籍一章记载：张和屯原名“摩些邑”，因明代张和移居于此，遂改名张和屯。张和祖籍江西，其父张春乃武状元，于永乐二年（1404 年）奉命入滇，死后张和袭右军都督，职守楚雄，屯镇南，家“摩些邑”。张和驻军后，遂在镇南境内实行军屯。现南华坝子还有 20 多个屯（村名）的名字皆源于此。

张祖荫为乡邻撰写的一副婚联：

千尺轻萝欣有托，

百年琴瑟喜和鸣。

沙桥镇有一楹联，此联为表彰抗战中五次英勇负伤的中校营长王树云。制匾一事系由夏和昌操办，特请剑川名匠李福海精心制作，把蒋中正（蒋介石）的题词“民族英雄”四字按照笔画雕刻于匾额正中。右边刻电文全文，左边刻国民党中央军事委员会委员长蒋中正，国务院行政院院长宋子文题赠，再下刻镇南县政府立。匾额系用朱漆作底衬，以金箔贴字而成，匾额两边悬挂木制板瓦形楹联。此联由清光绪丁酉年举人余亲贤铸词，殷廷彦书写。

杀敌建奇功，植槐家风光民族；

立功邀上赏，抗日男儿逞英雄。

有一副南华人民欢庆抗日胜利，原贴于北门外“正兴旅社”的对联，作者已无从考证：

中国捷克日本，

南京重庆成都。

另一副南华人民欢庆抗日胜利，原贴于龙川镇某户大门的对联，作者也无从考证：

日寇投降当庆当庆当当庆，

河山还我群狂群狂群群狂。

张九峰，男，南华县龙川镇张和屯人，生于 1898 年，卒于 1971 年。早年历任云南第二军、贵州第二军军医，蒙自督办处医佐。1962 年回乡开办“百龄堂”诊所，对患者一视同仁。张九峰酷爱书法，真、行、草、隶、篆均能如帖。1947 年，他给南华山门口村的段世明老中医书写的“术可回天”木刻匾额和楹联至今仍保存完好。

寿世仙方诚乃苍公门第，

活人妙术不愧华佗家风。

原县城北门钟鼓楼（龙泉门）楹联，作者无从考证：

敬天惟酌水，

祀地在焚香。

原县城北麦地坪村东杨家寺观音殿楹联，作者无从考证：

杨柳枝点点洒救苦救难，

白鹦鹉声声叫大慈大悲。

原西堡土主庙楹联，作者无从考证：

三峰三宵通宝掌千秋留仙迹，

一岳一石作金天万里矗莲花。

原土城东岳庙目蓬殿楹联，作者无从考证：

掌上明珠照耀大千世界，

手中锡杖震开地狱铁门。

原红土坡区打卦山“天官阁”门联，由南华民间老艺人徐升忆述：

三元三品三官广施大惠，

诸天诸地诸神普济众生。

民国时期朱达理书写的一副楹联：

虚度光阴多岁月，

白描字画过春秋。

民国三十五年(1946 年)，龙川镇北街纸烟店有一副楹联，作者无从考证：

去岁因赊赊复赊赊去赊来一副本钱浮似海，

今春要现现交现现钱现货三分利息稳如山。

此联讲述纸烟店经营亏损，靠赊欠过日子，折射出人民生活困难。因时局动荡，生意时好时坏，巧妙地反映了当时的历史背景。

根据民间老艺人徐升讲述，李荣培记录了五个民间对联故事：

遭字无脚曹丢底，

吉文加匡周顾皮。

民国三十年(1941 年)前后，红土坡密么村有一个人，名叫曹嘉番，他是一个山乡文人，却有一个令人讨厌的恶习——小偷小摸，最后发展到参与匪徒集团抢劫钱财霸娶民女。玉屏八校的校长戴成功对此深恶痛绝，便作了一幅上联讽刺曹嘉番——“遭字无脚曹丢底”。因红土坡阿底沟村在县上当参议员的周贵才长期庇护，曹嘉番未受惩治。红土坡中沟村的道士吕丕光不知从哪里探得周贵才庇护曹嘉番的内幕，根据戴成功的上联，风趣诙谐而又一语中的地对了下联——“吉文加匡周顾皮”。这副对联，绝妙地揭露了周曹狼狈为奸的真相，二人最终受到惩处。

老田不荒尽出长腰玉米，

亲夫可度后发孝子贤孙。

这副对联讲述的是鲁连珠流落南山区的老荒田村，为一夫亡遗孀做斋时婉言谢绝寡妇恋情的一段故事。

讲理场中开交不离猪搭米，

种烟界内负责全凭羊润鸡。

“讲理场中开交不离猪搭米”是鲁连珠流落镇南县一街河时，得知朱达勉评理断案靠“拖、吃”两字后，用朱达勉的谐音——“猪搭米”作的上联。后来，阳文生突然想到了当地种植大烟的民族头人与镇南当时就任县长的杨润基密谋烟浆对半分成，国民党省府官员下来查禁大烟的种植，杨润基就用羊肉鸡肉等食品招待特派员，让特派员酒够肉足饭饱之后明禁暗放的背景，以杨润基的谐音字替鲁连珠对出了下联："种烟界内负责全凭羊润鸡。"

老人声小孩声读书声三声齐备，

丰年福寿喜福康宁福五福俱全。

有一年农历腊月尾，鲁连珠到和自己在寺庙共事多年的神职人员家中，神职人员正在教育自己的两个娃娃读书，把鲁连珠随便安顿了一下，又忙着去教孩子读书去了。鲁连珠对此感触很多，触景生情写下了此副对联。

罗锅饭土锅汤东戳西游奔波半生光棍，

孔子礼孟子书南说北讲耍通一世英雄。

鲁连珠的老师看到弟子辛酸悲凉之现状后，给鲁连珠出了上联，鲁连珠见自己的老师对自己的一生作了现实而又诙谐的评价，半是自嘲半是自慰地吟出了下联。这副对联把这位"山乡秀才"的轮廓形象准确地勾勒了出来。

新中国成立至今楹联

南华，一个有着光荣而悠久革命历史的地方，是云南解放战争时期 47 个革命老区县之一。1952 年 7 月 26 日，镇南(南华)县为了纪念在剿匪战斗中英勇牺牲的烈士，在一街区召开追悼会，镇南县县长晋西亲作了一副挽联：

捐身为民，

精神不死。

康锡明作了两副挽联：

地霸造匪乱妄想扭乾坤，

民起卫翻身捐躯捍政权。

山岳青青烈士英名永远在，

河水滔滔惩办凶顽慰忠魂。

1985 年，吴传喜撰写了一副对联，

忠骨长眠马街地；

英灵横贯哀牢山。

在南华县马街镇政府所在地，有一座烈士陵园，里面长眠着新中国成立初期在剿匪战斗中牺牲的 10 位革命烈士和后期迁入的 2 位烈士。这些楹联纪念先烈，告诉世人如今的幸福生活来之不易。

张承德，1938 年生，云南南华龙川镇人。书法先后临习"二王"及汉隶诸帖。后学于右任草书，兼修传统诗词。书法作品多次参加省、州和全国各种书展并入编《中国当代书法家楹联墨迹选》等十余部书画集。张承德于丙戌仲夏书刻的亭联，悬挂于南华一中校园：

无情岁月增中减，

有味读书苦后甜。

二月放花多是雨，

十年树木喜成荫。

黑发不知勤学早，
白头方悔读书迟。

南华一中高偃华撰，张承德于丙戌仲夏书刻的亭联，悬挂于南华一中校园：

旭日灿星照学府，
春风化雨育新苗。

尊师重教为人蔚起，
育才献智国运昌隆。

宜画宜书双管齐下，
绘声绘色二美兼收。

张承德于丙戌仲夏书刻的楹联，悬挂于南华一中图书馆：

诸子百家书纳中西三万卷，
十书八表史追上下五千年。

张承德拟鹦鹉山公园楹联：

革命老区碑焕彩，
郑和故里地生光。

张承德撰写的楹联：

沿市高楼擎九宇，
连滇大道贯三津。

张承德为中国·南华野生菌美食文化节撰写的楹联：

革命先锋，抗日英雄，红军壮士，民族精神传万代。
松茸王国，香茶故里，核桃之乡，国家封号照千秋。

张兆钫，南华县龙川镇西街人。曾多次参与南华教育、文史资料的编修工作，对南华的历史如数家珍。他能清晰吟诵李根源的诗。一首是七绝《沙桥》：

沙桥古驿乱山崦，小憩征车打午尖。
嫩煮鱼羹餐豆饭，香生馋口梦回甜。

另一首是李根源路过镇南县时，专门拜访文化名人郭燮熙的诗《宿镇南赠郭理初先生》：

南关亭下驻征轮，即向风尘问故人。
有道先生真有道，深情赠我一枝春。

张兆钫老先生书写的一副长联《南华赞》：

古称九府通衢，丝道名郡。汉置欠舍，唐立郘州，宋设俗富，元曰镇南，浩浩千年往事，贤才豪杰辈出。嘉祚曾建亚魁坊，彩顺揭竿起义，哀牢彝雄光史册，钱君腾越举旗，先锋功绩铭石刻。尤堪夸，解放风云涌，边纵驰骋英勇鏖城，无愧革命老区县。

今乃一方要塞，威楚门户。金鸡晓日，鹦鹉来青，秋江叠嶂，石鳟洞天，灿灿百里河山，美景瑰丽多姿。久野妙绘胜境图，毛板长龙锁堤，农家丰稔奠根基，工业生机勃勃，经济强盛路宏宽。更可喜，生态大改观，群峦披绿茸珍香飘，俨然野菌王国乡。

上联讲述南华的历史文化和渊源，沿历史脉络盛赞革命老区县；下联以南华人文景观入笔，抒写南华发展成就，演绎出野生菌王国。此联若书写刊刻后悬挂于鹦鹉山公园大门两侧，将是一大幸事。

张兆钫撰写歌咏美好生活、美丽南华的盛世颂联还有：

三代艰辛，风雨兼程，构建民主政治；
九旬奋斗，阔步征途，铸就锦绣乾坤。

听民声，帮民富，解民忧，公仆殷殷尽天职；
报国志，爱国情，扬国威，赤子虔虔献忠心。

威楚彝州五彩缤纷歌盛世，
省垣门户千帆竞发步康庄。

改革播春风，华夏经天纬地；
共和施惠政，神州民富国强。

延安风尚照千秋，继往开来，艰苦历程兴伟业；
民族精神传万代，光前裕后，豪情壮志振中华。

炎黄子孙，举国同心思发奋；
华夏儿女，众志成城谋复兴。

编钟播文明，威楚莺歌燕舞；
铜鼓催奋进，彝州虎跃龙腾。

吐肺腑真言，献改革良策，殚精竭虑，放眼四化创佳绩；
想祖国大事，尽委员职责，不遗余力，瞩目十五建新功。

张兆钫撰写的耆年自励联：

修品行，陶情志，多行乐趣；
甘淡泊，守清贫，安享遐龄。

年登耄耋春常驻，
寄兴诗词艺苑辉。

忠厚传家，彰显道德，教子育孙循正道；
公平处世，恪守操行，尊贤敬老树新风。

敦品励学，写字习诗，礼赞和谐扬美德；
励志陶情，欢歌曼舞，增强康乐健身心。

花甲喜退休，清风两袖，修养品行，柏节松贞持晚景；
古稀尚自勉，玉洁冰心，珍惜幸福，兰芳桂实灿夕阳。

张兆钫撰写的城郊景观联，将镇南（南华）八景融入楹联之中，古为今用，让南华县城增添了不少文化元素，读来清新怡人：

桂井飘香，此乃人间福地；
寒泉映月，这里别有洞天。

鹦鹉来青，人间添秀色；
金峰晓日，大地增光辉。

珠盘叠翠，千仞高山翠欲滴；
平桥烟脚，十里长堤柳垂依。

古城东倚，镇川桥横风光丽；
苴水南环，鸡枞塔映野菌香。

金鸡晓日，唱响全面小康序曲；
鹦鹉来青，奏出和谐社会凯歌。

西山看寒泉，泉映月影现异彩；
东乡赏丹桂，桂绽井旁溢远香。

镇川锁水塔，南岳文峰塔，宝塔风光映美景；
革命先锋碑，郑和故里碑，名碑佳文颂伟人。

玉带环旋龙川美，
珠盘叠翠象山雄。

鹦鹉呈祥，胜境喜开盛会；
龙川献瑞，佳城恭迎嘉宾。

龙泉启瑞聚彝州新秀，
文明焕彩扬亚运雄风。

桂井飘香，将军屯兵开基业；
东浦献瑞，千群奋力奔小康。

虎踞龙盘，桂花井旁将军第；
莺歌燕舞，东浦海畔和谐村。

1986年，袁益龄撰写了4副地名趣联：

龙川河头苴力铺直岔牛凤龙，

昆畹高峰天子庙硬把英武关。

此联分别叙述城南龙川河、城北昆畹公路的地形起讫及途径。把龙川、河头、苴力铺、牛凤龙和昆畹公路、高峰哨、天子庙、硬把、英武关这些地名串联起来，读来亲切有趣。

兔街河清水河龙川河双甸河雨露南华，

大中山龙潭山石冠山马鞍山镇景永安。

此联以南华境内几条主要河流、几座主要的大山要隘联起，令人在楹联中品读南华的河流和山峰。

一街三家村五里么七村河坡头平地富裕厂，

二沟四代地六木苴八岔路山顶河底居乐村。

此联取奇、偶数地名相对应，妙趣横生。

李子冲樱桃箐核桃林杨梅山果罗花园，

麦地路蚕豆田麻地河大谷堆松柏长安。

此联以果类、粮、经济作物地名对应，取境内果硕粮丰之意。

1988年，袁益龄为寓居南华之外籍干部撰写的楹联，横批“志在四方”：

安居何需桑梓地，

华夏无处不春风。

1986年，陈维礼撰写的县文艺调演大会舞台联：

因势利导繁荣文化艺术，

就地取材丰富群众生活。

沈阔拟吕合煤矿花园亭联：

情随银鳞巡天外，

心跟墨玉化炉中。

1988年，沈阔撰写的吕合煤矿大门联：

戴月披星，喜沐霜露，愿将温暖送万家。

顶天立地，笑迎风雨，甘把丹心献九州。

1986年，周运开撰写的石鼓煤矿联：

戴安全帽穿防水衣钻洞采煤为四化，

烧千家炉暖万人心支工助农兴中华。

吕合煤业五十周年矿庆楹联：

五十年风雨历程开拓建业勤奋求实拼搏奉献镌刻吕煤精神，

半世纪沧海桑田迈步跨越团结和谐共赢发展彰显时代风采。

1985年，夏和昌撰写的沙桥“大众饭店”联：

大众为我师何妨停车赐教，

饭馆设雅座屈留玉趾联欢。

1988年，夏和昌为其子开的“修理店”撰春联：

补天乏术补破烂则有余，

修正不为修零件却无愧。

此联风趣幽默，夸张中不失现实主义色彩，让人一读便知写作的时代背景。

1988 年，夏和昌撰写的春联，横批为“普天同庆”：

龙吟龙川龙腾飞，

凤鸣凤山凤来仪。

1988 年，邓守恭撰写的春联，横批为“改革之春”：

除夕宴上鸡猪鱼鸭香槟啤酒样样有，

迎春街头男女老少衣裤鞋袜件件新。

1990 年，李文臻为赵凯撰春节门联：

宗寄南州四十年历经风霜冬去春来春更浓，

杰生鬃阳六十载无愧年华否极泰至泰长安。

1988 年，李文臻拟鹦鹉山公园抱月亭得翠廊联：

抱月亭抱月琴抱月亭中抱月琴月亭声深月琴声深，

得翠廊得翠杨得翠廊旁得翠杨翠廊常长翠杨常长。

1988 年，李文臻拟鹦鹉山公园对联：

鹦歌燕舞歌舞于绿色天地，

龙翔凤翥翔翥在盛平之年。

1988 年，李文臻拟鹦鹉山公园来青阁对联：

鹦鹉还飞故林，

青山尽来眼底。

1988 年，李文臻拟鹦鹉山公园听松楼对联：

一曲鸣琴弹，

万壑响松声。

1988 年，李文臻拟鹦鹉山公园龙川轩对联：

龙川带雨看万亩良田抒锦绣，

青山得翠听千只鹦鹉啦歌喉。

1988 年，李文臻撰写的楹联：

五百里龙江千曲千折奔大海，

二十万人民同心同德干四化。

1988 年，张家培拟鹦鹉山公园来青阁联：

气象万千到此间神怡心旷，

风光亿兆登斯阁身爽目清。

南华县中医院有两副未署名的楹联：

望闻问切藏玄机显中华文化之博大，

阴阳虚实含奥妙呈华夏中医之精深。

习岐黄效扁鹊为民去疾，

拟良方施妙手救死扶伤。

沙桥的南泉寺于1985年重建，之后每年2月19日“松花会”，佛教信徒从四面八方向这里涌来，乘船到南泉寺烧香拜佛，同时游览凤山湖的湖光山色，香火依然。南泉寺曾留下一副作者无从考证的“马”年松华会奈何桥楹联：

奈不住心猿意马竟遭淫报，

河长淹赤身裸体倒也害羞。

庚午年夏季南华沙桥镇人夏和昌撰、韩世雄书的一副楹联，悬于南泉寺大门：

历尽沧桑兴废依然菩提证心一空色相，

欣逢龙马精神堪羡佛慧婆罗万家朝真。

沙桥镇人韩世雄撰书的一副楹联，悬于南泉寺左厢房：

白云深处僧归晚，

红芍开时燕报春。

乙亥仲秋吉日，南华董国清为南泉寺大雄宝殿撰书的一副楹联：

登临胜地天朗气清畅游南山赏风景，

欢聚禅寺心旷神怡欣饮泉茗论诗文。

乙亥仲秋吉日，南华袁益龄撰，张承德书刻，悬于南泉寺大雄宝殿的一副楹联：

南寺隐碧山地起殿堂翔龙凤，

泉水出幽谷天成明镜昭日月。

南泉寺一副未署名，横批为“佛法增辉”的楹联：

丢上几个钱给子孙观望，

使出一点力让后代看瞧。

1987年，南泉寺一副未署名，横批为“佛法重新”的题联：

二十年再逢南泉忆昔日杉木参天林密如伞兰花遍地香馥满山泉水甜美香烟缭绕佛胜地，

一刹那又到灵山叹今朝大树砍光寺院倒毁佛像掀完房舍拆走残墙破壁善众出力新建寺。

南华的佛寺多于六七十年代“文化大革命”中被毁，南泉寺也不例外。大部分楹联已遗失，只能从史料记载中品味其中的韵味。后来一些寺庙得以重建，现存的都是现代书写的楹联。

张承德为南泉寺左厢房撰书刻的楹联：

菩提无树诚心一片结善果，

贝叶有字梵文三千指迷津。

戊子孟春南华李文臻撰写、张承德书刻的西山寺楹联：

暮鼓晨钟声声木鱼觉醒八方世界，

寒泉映月森森南海历经四纪春秋。

张兆钫为西山寺撰写、张承德书刻的西山寺楹联：

古寺座西山，佛心普济，谕众生多行善事；

寒泉映明月，风景独佳，引游客常来观光。

西山寺偏殿楹联，未署名：

妙相圆融遍尘刹而无求不应，

悲心志切度群生而有感皆通。

张兆钫为西山绕顶寺撰写的楹联：

信步登山，古寺绕顶，高接云天增美景；

极目远眺，苴水盘龙，清波荡漾幸福长。

宝珠寺位于南华县龙川镇火星村委会，明崇祯年间(1628—1644 年)僧妙德所建，清光绪八年(1882 年)檀越廪生王文炳倡重建。1966 年殿舍拆毁，1978 年智善重修。1987 年后，重建圆通殿、三宝殿、药师殿、地藏殿等房舍 30 余间。2009 年，新建仿古式大雄宝殿。

双柏 78 岁的书法家段雪峰为宝珠寺大门书写的楹联：

宝刹重光钟声鼓声声声自在，

珠花散落山色水色色色皆空。

段霞敬献宝珠寺大雄宝殿的一副楹联：

道不远人切记认影迷头向外寻觅，

心原是佛但向回光返照直下承当。

宝珠寺大雄宝殿一副未署名的楹联：

放大光明敢向无生说妙法，

得真解脱须从华里认如来。

盐丰张先民书、金建华刻的一副悬于圆通殿的楹联：

具千手眼照见法界护法众生三昧圆通皆自在，

获二殊胜示现普门分身尘刹万机感应以无遗。

壬午年九月十九日楚雄居士胡兴国书、金建华刻的一副悬于圣宝殿的楹联：

六根返本变苦海以作莲池，

一念回光化爱河而成净土。

2000 年农历正月二十四日，南华董国清为药师宝殿书写的楹联：

有善念有道德有病能治，

无好意无良心无药可医。

许彦恒为宝珠寺地藏宝殿撰书的一副楹联：

渡尽众生方成佛，

难为一片菩萨心。

宝珠寺大殿楹联，未署名：

须静悟灵明觉性，

共乐游清净禅关。

张承德为宝珠寺圣宝殿撰书刻的楹联：

佛恩广博救弟子早出迷津皈依三宝，

法力维深愿众生速脱苦海勤修九莲。

张兆钫为宝珠寺撰写的楹联：

宝地座邑东，古刹重光，引众生皆循正道；

珠山寺城北，佛轮常转，谕世人莫入歧途。

宝地聚宝，瑞气来佛寺，倚斗阁两旗，抱苴水盘龙，金鸡晓日，风光绚丽皆佳景；

珠山藏珠，祥光照禅体，瞻层楼双桥，环香飘桂井，鹦鹉来青，胜迹辉映展新姿。

戊寅年季夏六月十九日立，南华郭燮熙旧句，殷育祥补书，刻于南华龙川镇上山脚村，上菌王山过百子阁山门的一副楹联：

来日真堪留胜迹，

青年切莫负韶光。

悬于南华龙川镇上山脚村，上菌王山过三清殿未署名的一副楹联：

南山佛祠千处有求千处应，

人间真情一方诚敬一方灵。

悬于南华龙川镇上山脚村祠堂大成殿未署名的一副楹联：

仁德安帮偌大中华皆复礼，

清廉济业众多民族共尊师。

悬于南华龙川镇上山脚村祠堂大成殿未署名的一副楹联：

做个好人心正身安魂梦稳，

行些善事天知地鉴鬼神钦。

丁酉年仲春，南华李文臻撰，蔡永祥书，悬于南华观音寺（原名观音洞）大雄宝殿的楹联：

昔洞虽小曾有大士观音怀慈悲体察人间天上，

新寺渐宽广迎十方佛祖以禅理参悟古往今来。

丁亥年孟春，张承德为南华观音寺（原名观音洞）撰书刻的楹联：

若不回头谁为你救苦救难，

如能转念何须我大慈大悲。

贵州省毕节市副市长李玉平为彝学泰斗刘尧汉先生撰写了一副挽联：

寰宇探源文明中国筚路蓝缕铸就学部委员，

彝心阐甄民族辉光志刚毅笃领誉东方之子。

由李天永撰，张承德、柴俊书，代华昌篆刻，为“起家大院”“三家寨”立的匾额：

情人箐风月重与数竹心仪，

笔架山云雾畅谈三家佛缘。

三家寨位于咪依噜风情谷南永公路上侧，正前方是一座山字形的“笔架山”；寨子背后有一条绿竹掩映、水碓声声、山泉潺潺的箐，人们称之为“情人箐”。听老人讲，原蟠龙寺的选址是在三家寨的上方，建寺初期，走方的和尚在寺院的选址旁看到野兔饮水（兔子尾巴短），便说此寺不会长久，遂迁建它处。现在山上还有建寺初期遗留的痕迹。

原载于2013年12月云南民族出版社《情韵南华》

九府通衢说

李茂忠[①]

南华是昆明通往滇西各地的一个重要交通枢纽，很多有关南华的古籍、文献都提到“九府通衢”。这是美誉，也有所指。那么，“九府通衢”究竟是哪九府呢？

康熙《镇南州志·地理志》中，对镇南州（今南华县）的地理区位有“九府咽喉”和“虽非四塞雄图，实有九府要害”的记载。

咸丰《镇南州志·地理志》里，对镇南州的地理区位有“虽非四塞雄区，实为九府冲要”的记载。

光绪《镇南州志略·地理略》里，对镇南州的地理区位亦有“虽非四塞雄区，实为九府冲要”的记载。同时引用了《云南通志》对镇南州的地理区位“一方重地，九府通衢”的记载。此为“九府通衢”的称谓首次在《云南通志》中出现。

民国《镇南县志》因手稿遗落民间四十多年，丢失过半，缺地理志。在“路政”一篇里，有“镇南当迤西冲要”的记载。“迤西”泛指现在的“滇西”。

解放后第一部《南华县志》“序二”里，有南华“居滇西与滇中之要冲，古有‘九府通衢’之称”的记载。在“军事”一章里，也有“南华县居滇西与滇中要冲，古为兵家必争之地”的记载。

解放后第二部《南华县志》“建置”一章里，有“国道320线、省道217线、广大铁路、楚大高速公路穿境而过，是川、黔两省及滇东通往滇西直至缅甸、印度等国家和地区的咽喉要塞，古有‘九府通衢’之称”的记载。

《楚雄州志》第一卷第三篇第四章南华县部类中记载：“南华县是滇西与滇中的交通枢纽，古有‘九府通衢’之称。”

查阅《云南省志·地理志》和《云南省志·军事志》得知，云南省早在公元前三世纪（战国后期）就建立了滇王国，秦朝时期纳入了中央版图，唐宋时期先后被南诏国和大理国割据。历代王朝都在云南设置官府。其中，设置郡县、节度、州县等的朝代较多，而设置“府”的朝代较少，《云南省志·地理志》里，对行政区划“府”有明确记载，这就为探寻“九府通衢”的“九府”提供了便利和依据。

---

① 李茂忠：男，彝族，1966年5月生，云南南华人。南华县红十字会一级主任科员，楚雄州作家协会会员，地方历史文化学者，长期从事文史工作。先后编写《南山烽火》《知青在南华》《续编哀牢夷雄列传》。

明代—云南承宣布政使司南方丝绸之路及“九府通衢”镇南州古驿道示意图简图

在《元史·地理志》《明史·地理志》《清史稿·地理志》等国史资料中，对云南的行政区域亦有明确记载，能与《云南省志》的记载相互印证。

从史料记载来分析，“九府通衢”的“九府”应在滇西。

就行政区划设“府”而言，大理国后期曾设置过九府，即首府区和八府地区。首府即今大理白族自治州（简称大理州）大理市，永昌府即今保山市隆阳区，姚府即今楚雄州姚安县，谋统府即今大理州鹤庆县，善阐府即今昆明市，腾冲府即今保山市腾冲市，威楚府即今楚雄州楚雄市，会川府即今四川省会理市，建昌府即今四川省西昌市。

大理国的“九府”虽与“九府通衢”的“九府”在数字上吻合，“通衢”在词义上指四通八达的道路，但“九府通衢”一词是引申义。本义之一“九府要害”指军事上重要的地点；本义之二“九府要冲”是指重要道路会合的地方。大理国割据政权并非中华正统政权。而“九府通衢”的“九府”在滇西。从这几个条件来判断，大理国时期的“九府”显然不是“九府通衢”中所指的“九府”。

蒙古攻灭大理国后，按蒙古游牧社会领户分封制，在云南各地逐步建立过十九个万户府进行统治，下设千户所和百户所。其中，善阐万户府即今昆明市，阳城堡万户府即今昆明市晋城，巨桥万户府即今昆明市晋宁区，嵩明万户府即今昆明市嵩明县，大理上万户府即今大理州大理市，大理下万户府即今大理州凤仪镇，威楚万户府即今楚雄州楚雄市，罗婺万户府即今楚雄州武定县，仁德万户府即今昆明市寻甸县，于矢万户府即今贵州省普安，閟畔万户府即今昆明市东川区，磨弥万户府即今曲靖市麒麟区，罗伽万户府即今玉溪市，落蒙万户府即今昆明市石林县，阿棘万户府即今玉溪市通海县，宁部万户府即今玉溪市华宁县，元江万户府即今玉溪市元江县，阿宁万户府即今红河州开远市，落恐万户府即今红河州红河县。

蒙古国时期在云南设置的十九个万户府中，属于滇西片，通向滇中、滇东经过镇南州（今南华县)境的,仅有大理上万户府和大理下万户府。因此,无论从全省角度分析,还是从滇西片的角度看,都不符合“九府通衢”中“九府”的条件,史书上所指的“九府通衢”中的“九府”与蒙古国无关。

明代—云南承宣布政使司南方丝绸之路及“九府通衢”镇南州古驿道示意图详图

蒙古建国号为元后,攻灭了南宋,完成了对全国的统一。其间,对云南的统治制度进行过改革,废除了万户、千户、百户制度,建立了云南行省,下辖路、府、州、县。其中共设“府”14 个,与“路”平级的有 8 个,与“州”平级的有 6 个。

与“路”平级的八府:彻里军民总管府即今西双版纳州景洪市,木来府即今西双版纳州勐海县,仁德府即今昆明市寻甸县,顺宁府即今临沧市凤庆县,南甸军民府即今德宏州梁河县,大难军民府设置区划不详,陋麻和军民府不详,云龙甸军民府亦不详。与“州”平级的六府:景东府即今普洱市景东县,北胜府即今丽江市永胜县,柏兴府即今四川省盐边县,金竹府即今贵州省长顺市,永昌府即今保山市隆阳区,腾冲府即今保山市腾冲市。元朝时期的十四个府中,属于滇西片,且通向滇中经过镇南州(今南华县)境的,仅有顺宁府、南甸府、北胜府、永昌府、腾冲府五个。因此,“九府通衢”中的“九府”亦与元朝无关。

明朝统一云南后,在云南设立布政使司,由于云南布政使司的统辖范围基本上与元代的行省相同,所以习惯上把云南布政使司称为“云南省”或“云南行省”,下辖府、州、县、蛮等行政机构。其中,设府二十二个:云南府即今昆明市五华区,曲靖府即今曲靖市麒麟区,寻甸府即今昆明市寻甸县,临安府即今红河州建水县,澄江府即今玉溪市澄江县,广西府即今曲靖市师宗县,广南府即今文山州广南县,元江府即今玉溪市元江县,楚雄府即今楚雄州楚雄市,姚安府即今楚雄州姚安县,武定府即今楚雄州武定县,景东府即今普洱市景东县,镇沅府即今普洱市镇沅县,大理府即今大理州大理市,鹤庆府即今大理州鹤庆县,丽江府即今丽江市古城区,永宁府即今丽江市宁蒗县永宁镇,北胜府即今丽江市永胜县,永昌府即今保山市隆阳区,蒙化府即今大理州巍山县，顺宁府即今临沧市凤庆县，孟定御夷府即今临沧市耿马县孟定镇。明朝在云南全省设置的二十二个府中，属于滇西片，通往滇中经过镇南州(今南华县)境的，正好有九个府，即：大理府、鹤庆府、丽江府、永宁府、北胜府、永昌府、蒙化府、顺宁府、孟定御夷府。从“九府通衢”的源头“九府要害”“九府冲要”来分析，滇西片的这九个府就是南华历史上所说的“九府通衢”的“九府”。

既然“九府通衢”中的“九府”，只与明朝在云南滇西地区设置的府衙有联系，而“九府通衢”一词又出现在清朝史料中，那么，“九府通衢”的“九府”是否还与清朝有关联呢？为了回答这个问题，还必须研究一下清朝在云南设置的官府。

清代云南行政机关设置的特点是行省下设府、州、县三级，其中，设府十四个：云南府即今昆明市五华区，大理府即今大理州大理市，丽江府即今丽江市古城区，楚雄府即今楚雄州楚雄市，永昌府即今保山市隆阳区，顺宁府即今临沧市凤庆县，曲靖府即今曲靖市麒麟区，东川府即今昆明市东川区，昭通府即今昭通市昭阳区，澄江府即今玉溪市澄江县，临安府即今红河州建水县，广南府即今文山州广南县，开化府即今文山州文山市，普洱府即今普洱市。

清朝在云南省设置的十四个府中，属于滇西片，且经过镇南州(今南华县)境的，只有大理府、丽江府、永昌府和顺宁府四个。显然，它与“九府通衢”的“九府”无缘。

南华是省城通往滇西的交通要道，古有驿道相通，今有铁路、公路相连，战略地位十分重要，史料记载的“九府通衢”名副其实。这“九府”就是明朝时期设置在滇西的九个地方行政官府，确切的地名是：

大理府——现在的大理白族自治州大理市。

鹤庆府——现在的大理白族自治州鹤庆县。

蒙化府——现在的大理白族自治州巍山县。

丽江府——现在的丽江市古城区。

永宁府——现在的丽江市宁蒗县永宁镇。

北胜府——现在的丽江市永胜县。

永昌府——现在的保山市隆阳区。

顺宁府——现在的临沧市凤庆县。

孟定御夷府——现在的临沧市耿马县孟定镇。

云南省作家协会主席、著名作家黄尧对明史有独到见解。他在南华调研期间，说过这样一句话：“整个镇南的历史也就是明史，你们把镇南的明史研究清楚了，整个镇南的历史也就明晰了。”云南在明洪武年间大量向西南地区移民，实行军事化的屯兵、屯田、屯垦制度。中原文化与先进生产工艺的传入，使云南发生了天翻地覆的变化，镇南凭借得天独厚的地域区位优势，从那个时候起，商旅不绝，英贤接踵，社会逐步繁荣起来。

南华是古道文明的重要节点。南华的昨天，因为“九府通衢”而繁荣。如今，“九府通衢”的地理区位优势更加突显，南华将以此为契机，沿着绘好的蓝图，迈上经济、文化、社会全面发展的“快车道”，迎来小康路上的又一次辉煌。

原载于2013年12月云南民族出版社《情韵南华》

镇南亚魁坊说

陈志国[①]

“亚魁”者，明清科举中对于考取第六名的举人的称谓。明清科考中，中式者通称为“举人”，第一名称“解元”，第二名称为“亚元”，第三、四、五名称为“经魁”，第六名称为“亚魁”。“亚魁坊”建造之人黄嘉祚为乡试第七名“文魁”，意“文魁”向前看即为“亚魁”，亚魁坊因而得名。

镇南一邑，僻据西南，原属濮洛蛮居，文教不兴，闭塞不达。尔后，江南移民以商屯、民屯、军屯而来此居，数十年之经营发展，一时舟车走集，商贾云集，黉学始建，文化兴盛。据《大政纪》载：“永乐五年正月己亥，云南镇南州奏洪武中，有命建学时以民力未敷暂聚徒训于城隍庙，因循已久，今请别建学舍，从之。”永乐七年(1409 年)，文庙始建，此后镇南州成为滇中第一个科举制学府，遂尔科第连茹，有明一代，自永乐丁酉至崇祯壬午科，有举人十一人，黄嘉祚其一也。

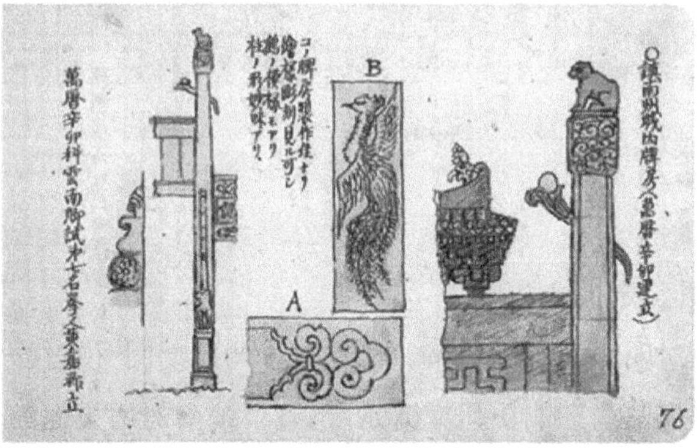

伊东忠泰所绘“亚魁坊”

伊东忠泰作品

亚魁坊全坊梁、柱、脊、座、狮、鼓、盆等系整石制成，石与石接合部用铁箍、铁楔衔接扣紧，无缝隙。其壮丽高大，历约四百年而屹立不倒，坚固如初。其用石之巨，造型及工艺之佳，实属罕见。

正因为亚魁坊造型独特，工艺精美，1902 年至 1904 年期间，吸引了日本建筑史学家伊东忠泰前往。在其清国风土调查中，他将亚魁坊作为西行路上的重要见闻载入其著作《手绘天朝》一

① 陈志国：男，汉族，1990 年 8 月生，云南南华人。地方历史文化学者，热爱文学。作品散见于《龙川江》《马缨花》《楚州今古》《金沙江文艺》《民族时报》《云南文史》。

书中。这是我们迄今为止，能够看到的亚魁坊遗留下来较为完整的手绘图稿。在《手绘天朝》一书的第三卷“云南府”一章中，伊东绘制了彩色的亚魁坊图。其梁、柱、脊、座、狮、鼓、盆、檐等构件皆在图中，并在图右侧用日语进行标注：镇南州城内牌坊（万历辛卯建）。中文意思：牌坊制作精良，绘样雕刻可见鹤、狮模样，形态品质俱佳。左侧文字标注：万历辛卯科云南乡试第七名举人黄嘉祚立。值得一提的是，在伊东绘制的图中，除了绘制张家培先生记述的梁、柱、脊、座、狮、鼓、盆等构件外，还绘制“鹤”形图案、坊“檐”等构件，可以说这是全面了解牌坊真容的第一手资料，后世之人观其绘图，可照此重建。在没有绘图软件的年代，这无疑是珍贵的历史资料，可作为镇南文史之补充。虽然有人说，伊东此行之目的，实为窥伺中国机密，为侵略中国做准备。然而，时过境迁，《手绘天朝》一书还是较为完整地记录了亚魁坊历史遗迹的全貌。

但是，正如杨绛先生所言：“世间好物不坚牢，彩云易散琉璃脆。”镇南州民众看护几百年的石牌坊终究还是没有逃脱损毁的命运。1966 年 9 月 9 日“破四旧”运动中，“造反派”用“绞盘”“葫芦”等土工具将牌坊“肢解毁损”。从此，历约四百年的珍贵建筑亚魁坊消失在历史烟尘中。

伊东为何要重点记录此牌坊呢？除了牌坊本身建筑工艺精湛，雕刻精美，又地处要冲古驿道外，我不禁还有一个大胆的猜想，就是伊东忠泰对于这座牌坊建筑的崇拜。

这不得不重点去研究黄嘉祚本人。据史料记载：黄嘉祚，号震寰，镇南州城北丹凤邑人，其先祖为江南人，曾祖奇环，以商贾寓滇，以堪舆卜镇南。其祖廷佐，膺寿官，父肇熙，膺恩官，弟嘉祜、嘉裕，皆有政声。嘉祚髫年器宇轩昂，早游黉序，屡试高等，中万历辛卯科云南乡试第七名，事父母至孝，历任东川通判，楚蜀明府，政声籍籍，时人不称“廉父”，而以“神君”称之。其一生研究程朱理学，因其学理之深，为当道荐为理学名臣，并恩赐四品服，其逝后，授奉政大夫衔。从黄嘉祚一生研究程朱理学，被推荐为理学名臣来说，可算是誉满四方的一代哲人。这样的人和物，在伊东看来自然值得记述，至于其崇敬之心就不言而喻了。

理学名臣黄嘉祚墓

镇南文昌宫

在进入镇南州城后，伊东必是进行过一方研究，深入了解到镇南地方历史文化后才作此图绘。不然，当时的镇南州城，辉煌之建筑何其少有，牌坊附近之文昌宫皋楼、城隍庙大殿、广福寺大殿，其精美远甚于牌坊，其难道不足记乎？实为伊东之别有所崇也。

龙川书院

张兆钫①

书院为旧时藏书讲学之地。镇南州(今南华县)的书院,最早建于康熙四十一年(公元1702年)。当时浙江余姚进士陈元于康熙三十八年(公元1699年)莅镇南任知州,陈由中国之腹地而受任于边地,深感涵濡风化,必赖津兴文教,遂于州署开设讲堂及书舍,延师讲学,称“鸡和书院”,此为南华设书院之始。继后,镇南州北界进士陈封舜(今南华县龙川镇先生邑村人),为发展地方教育,又将“鸡和书院”移建于县城南部的马王庙左侧,更名为“盘山书院”,年久倾覆。此为旧志所载,但无详细记述。

在镇南历史上,书院设立较久的是“龙川书院”,建于嘉庆十五年(公元1810年),由当时的镇南知州苏世勋及邑举人彭丕训、武举杜国富等筹资兴建,选址于镇南学宫左侧(即南华一中靠东北面的一段),因镇南为龙川江的发源地,故名龙川书院。道光三年(公元1823年)知州黄中位又进行重修,并开始设立生员膏火。咸丰十年(公元1860年)毁于兵燹。直到光绪十一年(公元1885年),时任镇南知州的蔡之谟,有崇文尚教之识,下车伊始,即慨然解囊捐出俸银50两,并和镇南州地方人士说,“我州镇南的夫马公租,与其填无厌之私塾,何若培育造之人文”,毅然决定筹拨夫马公租用于重建书院。越年,重建的龙川书院即告落成。

管理此项工程的是镇南州热心教育的庠生刘泽远、郭兆奎;协助完成建设的是镇南廪生张宝贤、高承先、刘荣生。在此讲学的姚州名士、举人甘仲贤曾作有《重建龙川书院记》一文以记其事。重建的龙川书院计有正厅楼房三楹,讲堂三楹,左右书舍各三楹。书院屋宇,布置严谨。书院的大门正对着巍峨的魁星阁,大门之内为讲堂,其楼为藏书楼,左右为东舍和西舍。

龙川书院由山长主持学务。山长的人选需具有一定科名而乡望较高,不仅需深通经史,且需在道德、文章方面卓有声名。姚州甘氏一门五举,几乎都在镇南州龙川书院掌过院或讲过学。书院的讲授学科,皆以六艺(礼、乐、射、艺、书、教)、五经(诗、书、礼、易、春秋)、四书(大学、中庸、论语、孟子)为主要科目。在此就读诸生,前期系按州规定名额设廪膳生及增广生各30名;后期改称为内舍生及外舍生,内舍生可享受膏火补助。

龙川书院历史悠久,聚名士以授课业,镇南州许多举贡生员皆于此奠铸根基,是清代镇南教育的中心学府。

原载于2013年12月云南民族出版社《情韵南华》

---

① 张兆钫:云南南华人,地方历史文化学者。

老马村

李天永

老马村也叫先生邑。

老马村是本土延续的老地名。先生邑，据志书记述，源于南华第一位进士陈封舜的学生寻老马村，到先生府上看望，觉得老马村名不雅，建议改为“先生邑”。照此留下民间与官方雅俗两个村名，也算是一桩趣事。

先生之名，是一种修为。四种注解：一说老师；二曰对知识界男子的尊称；三讲旧账房管账的或从事文书工作的人；其四旧时指以说书、相面、算卦、看风水为业的人。将陈封舜称为先生，我倾向于第二种解释，即对知识界男子的尊称。说文艺一点，陈封舜是个有人格魅力的人。

滇中南华县城北郊，从空中俯瞰，见凤凰展翅飞翔身影。礼拜寺村和老马村中间平缓向南的小冲，村子就叫凤头冲，自然便是凤头；见性山的山谷间流淌的另一条小溪，加上老董湾汇合延展的双甸河形成凤之双羽；两个甸子是凤身；出自马鞍山、云台山的山谷小溪，双甸河的一条支流，成为凤尾。

凤头冲的左侧，先生邑坐落在椅子状的山凹间。村子普通，村里诞生了南华首位进士。按照乡里乡亲的说法，老马村出过大鸡枞。在这里，鸡枞象征健康向上，出类拔萃。再加上十余株百年以上树龄的黄连木，让人称奇。

村子被黄连木包裹着，显得古色古香。落叶乔木黄连木，树干通直挺拔，树形秀美，枝叶繁茂，且叶色随四季变化不同。加之黄连木木材坚实致密，易加工和镌刻，抗压性和耐腐蚀性都很强，是制作根雕较好的原料之一。黄连木的树皮呈褐色，像鳞片状，幼枝棕色，叶呈羽状分布。花小，先花后叶。核果球形，很像我们熟知的花椒果，红红的。区别在于花椒果表面有凸起的小疙瘩，而黄连木果表面圆润光滑。

村中有一株巨大的黄连木树，高约20余米，一个小院全被此树所占。古代贤人为何喜植黄连木，以我陋见，有两个原因：其一源于传说。皋陶是与尧、舜、大禹齐名的上古四圣之一。传说皋陶的出生与黄连木有关。大约公元前21世纪，也就是帝尧时代，洪洞县甘亭镇士师村，现名皋陶村，帝少昊之女女修正当华年。她美丽善良，时常在家门口一棵巨大的黄连木下纺线织布。有一天，突然从东方飞来一只巨大的玄鸟，栖落于黄连木上。女修与玄鸟互语，玄鸟浮于黄连木之上，用尽气力，产下一颗巨大的鸟蛋，女修将蛋接在手中，视为己出。焚香沐浴毕，女修张嘴艰难地将玄鸟蛋吞下。不久，女修在黄连木下诞下了一个健康的男孩，便是皋陶。其二，黄连木还具有极高的医用价值，这在缺医少药的旧时极其重要。黄连木的根、枝、叶、皮可制农药，去除庄稼的病虫害。树皮及叶性味苦，功能微寒，有清热、利湿、解毒之功效，可用来治痢疾、淋症、肿毒、牛皮癣、痔疮、风湿疮及漆疮初起等病症。除其风景之外，黄连木全树皆宝。

饮双甸河水长大的陈封舜，是镇南土司陈均祥的后裔，从小积学能文，潜心攻读，公元 1735 年，即清雍正十三年考中举人。两年后，赴京参加会试，金榜题名，成为南华第一位进士。公元 1748 年，即乾隆十三年开始，陈封舜在三晋大地耕耘，先后任山西陵川县知县、湖北郧阳府通判、竹溪县代理知县、南章县知县。陈封舜上任伊始，即被授正六品承德郎。六品之妻的王氏同时封安人，这是惯例。他创办陵川望洛书院，亲自督课，教育化士，开创了陵川在清代“人文蔚起，科第连茹”的崭新气象，备受后世赞颂。在山西陵川九年，勤政爱民，教养兼施，兴文教，宽赋税，修水利，成为陵川历史上政绩最为卓著的知县之一，百姓自发为其建立生祠。陈封舜的诗文，见于志书的有《平彝桥》《望云台山》等诗 14 首，《义田说》《重建文峰小记》等文 5 篇。

仕途流芳是一种境界。据陵川严炳元《三贤祠记》记述：陈封舜去官回滇后，陵邑之百姓感先生之政绩，将他与康熙年间陵邑宰琅琊孙必振、山阴王宏远并列三贤，建三贤祠以祀之，将他奉若神明。清代《陵川县志》把陈封舜载入“循吏”之列，按现在的话说，是一位清廉且政绩卓然的好官。光绪《陵川县志》载，重修魁星楼：乾隆十六年(1751 年)，县令陈封舜重修魁楼，在学宫东南隅开凿砚池。邑令陈封舜念科甲寥寥，凿池于魁楼之南，故名。修建彰善坊四座，一在东关通文桥，一在平城镇，一在礼义镇，一在附城镇。前令陈封舜率合县绅士耆庶，捐输建之。

叶落归根，乡愁使然。陈封舜为官二十余载，见识广博，回归故里后，设馆教学，德佑方里。他教化子弟，不计贫富，彝汉百姓一体接纳，开启了清代南华民间教育的先河。他是继黄嘉祚之后又一贤达人士。

春日里，如同陈封舜站立灵官桥头，轻抚石栏，对波吟咏：

平桥经野渡，卧浪漾晴晖。

柳絮铺烟密，花蔫带露肥。

山光迎旅辔，曙色点征衣。

勒马遥观处，雄州隐翠微。

如今陈封舜故居在县城北郊。不经意间，就走进生机盎然的黄连木古树簇拥的一方家园。

原载于 2023 年 4 月 29 日《楚雄日报·马缨花》

诸葛营

李天永

诸葛营，镇南（南华）有两处，一处为县城东大楸树；另一处为马街镇诸葛营村委会。

大楸树，一个普通的村名。村庄在南来北往的车流中，被鳞次栉比的高楼围住，看不出有什么特别之处。

昔日的山冈楸木满山，郁郁葱葱，楸木花开，紫烟缭绕。后来的大楸树小山冈，在城市演化进程中渐行渐远，看不出山的高低错落。这山已不是过去的山，好在大楸树的名字还在延续。

相传，大楸树旧居吕、周两姓人家，村中一株二十人不可合围、高六十丈的空心大楸树，有巨灵蛇居之。村民祭祀，村东五里桂花井则溢。后灵蛇修炼有成，托身为人。闻村妇产一子，能说会道，无人身，似人手。一蜀地商贾购得人手离去。从此，空心大楸树便枯萎了。村民无力回天，遂将村子取名大楸树。这便是村子名称的来历。

村中有一块半截石，或为拴马桩，刻有冠似宋人之像，有残缺的“鷄城”“車马半滇雲”字样。或可解读为“鸡城车马半滇云”。此文物应该是对镇南（南华）“九府通衢”最有力的解读。

清朝福建军旅诗人黄大琮著《镇南杂咏》诗云：

迢递阿雄接大楸，萧萧遗垒白云浮。

三军一驻山千古，丞相天威慑百酋。

诗的末端有注解：诸葛垒，一在阿雄乡，一在大楸树。“三军一驻山千古”，只此一句，便读出大楸树蕴含的历史。

陈元在《山行即事》中写道：

二月榴红映碧峰，醺醺薄酒醉花丛。

云遮古道千山外，人在羊肠数曲中。

饭熟不嫌啖小米，园肥偏爱摘鸡枞。

闲来偶话南州事，苗倮犹知有卧龙。

康熙三十八年（1699 年），进士陈元从浙江到镇南担任知州，在位 11 年，其间撰修《镇南州志》，实为文献之祖，得到一个“循吏”的评价，是名副其实的。按现在的说法，是位遵纪守法而有政绩的好官。他走遍南华的山山水水，颇具情怀。他下乡途中，在山野间与当地彝族人谈起南华的历史，没想到他们都还知道卧龙先生诸葛亮的事。

南华旧称镇南，是古道文明的产物。那些故人故事，仿佛与现今的年轻人毫无关系。我在想，村庄，尤其城里的村庄，会不会走失在乡音乡情的故纸堆里。我不是对发展有成见之人，只是觉得，那些岁月深处的历史痕迹，我们都不该忘却。

在魏蜀吴三国时期直至西晋，南华属云南郡的管辖范围。云南郡治所从祥云迁至姚安。西晋时期，治所又从姚安迁回祥云。

这些典故与史实，明证先有诸葛营，后有大楸树村。八十年代，大楸树村曾经出土铜矛、钲、鼓、樽、铲等。诸葛亮南征，屯兵大楸树，逾一千八百年。在南华还遗存旧名“汉军屯”。据《镇南州志略》载：“明。杨堂，以明洪武初归附，南征有功，授土巡检世职。”“汉人屯，则土巡检杨氏居之。”“汉人屯”即现在的南华县龙川镇蟠龙村委会“汉军屯”。贺龙元帅率领红二军团从大楸树走过时，村里还留下红军赠绣荷包的动人故事。所有这些，才是大楸树村的根脉。

南华彝族文化学者罗宗贤撰文《南华县六把地彝村供奉着古蜀国十九世皇帝石雕像》，发表在楚雄 2013 年第 4 期《马缨花》上。自然会让人记起南华与蜀地的诸多旧事，不禁令人浮想联翩。

原载于 2022 年 11 月 10 日《楚雄日报·马缨花》

鄂湘联中在镇南

李天永　整理

《镇南县志·卷之七》记述过这样一段话:城北纪家屯,前商会会长纪正纲,就所建新屋之南辟一园,又名"笠园"。内有小池种荷,艺各种花木已夥。自抗战以来,武汉联中流寓到县,赁其新宅设学校,而园艺附之。园艺之兴,当俟诸异日矣。这是抗战初期,西南联大等一些名校撤往西南的一个缩影。虽然时间不过只有三年,从中却能了解镇南联中抗日爱国活动和镇师、县中学的一些渊源。

1938年3月,日军从华北南下,进击徐州。中国守军在徐州地区与日寇展开会战,损失很大,国民党守军于5月19日放弃徐州,向豫东、皖北撤退,武汉危在旦夕,沦陷在所难免,医院、学校纷纷涌向西南各省避难。10月,国民党军队在武汉外围进行抵抗,结果仍是步步后退,于10月25日放弃了武汉,武汉三镇惨遭沦陷。

1938年5月,地处武汉的武昌文华中学(今武汉市第三十三中学)、汉口圣保罗中学(今武汉市第二十中学)和希理达女子中学(今武汉市第二十五中学)为避免日军的奴役蹂躏,派出先头人员到镇南联系校址,为学校向西南搬迁作准备。

镇南(今南华)地处云南腹地,又居滇缅公路沿线,宜驻足办学。三校先遣人员选定镇南后,受到镇南一些有识之士和人民群众的欢迎。为了支持地方文化教育事业的发展,他们热心为该校出谋划策多方帮助,得到纪余屯(又称纪家村)曾在县政府实业局任局长的纪正纲等人的赞助,将他家的"笠园堆店"(又名"纪立三大院")定为校址。10月,三校陆续搬迁到镇南。到镇南后,因三校是美国基督教圣公会出资开办的教会学校,因此,三校联合组成鄂湘教区联合中学。学校设在南华龙川镇北门外纪家村纪立三先生家大院内的纪家祠堂,纪家村各户为学生宿舍,上课时就几人在土基上共架一块窄木板当课桌。可以想象,当时的办学条件十分艰苦。

镇南"联中"因系美国教会出资开办,学校一切教育经费除教育部拨给部分,收港澳、云南籍学生学费外,其余全由美国教会负担。但因战乱,特别是太平洋战争爆发后,同美国教会的联系全部中断,"联中"长期得不到经费资助,国民政府不给一分钱,靠募捐也仅仅是杯水车薪,"联中"曾经一度眼看就要断粮停火。当时的校长是位哈佛大学博士,学校采用西方管理模式,讲求教育创新,学习氛围也很活跃。流亡中的联中师生十分珍惜时光,老师认真负责,学生努力刻苦,教学质量一流。学校的行政管理,由三校组成校务委员会,下设教导处、训育处、军训处、庶务处、医务室、膳食委员会。文华校长严家麟、圣保罗校长李辉祖、希理达(女子中学)校长彭仁丰三人轮流担任校长主持校政。

当时"联中"在全国享有盛誉,慕名求学者很多。当年,南华"联中"招收初中学生六个班,高中六个班，共七百余人。其中男生占 65%，女生占 35%，外省及港澳学生占 80%，本省及南华籍学生占 20%。学习内容以英语为主，每周十二节课，圣经课两节，其余时间均上数理化、国文、史地、音乐、图画、体育等课程。“联中”师资大多来自华西大学(教会办)毕业生及留美回国学生。教学采用专科包干教授制，各科老师的教授情况常由班导师会同教导处定期检查，不称职者迅予调整。虽然学生的居住条件和学习环境因战争东奔西走，变得异常艰苦，但“联中”学生的学习劲头十足。学生通过月考、期末考即决定去留，成绩太差者淘汰，稍差者留级，决不因人而迁就姑息。

我们从“联中”的校歌中看出，学校对师生进行了反抗日本侵略军的爱国民主思想的教育，教育学生“读书救国”，时时不忘日寇侵占家乡、颠沛流离之苦，激发师生的抗日救国思想和民主爱国热情。歌词这样写道：

“猗猗联中，渊源江汉溯朝宗。流离颠沛，依然合作分工，读书救国，好从时势造英雄。努力奋斗，有志必竟成功。

猗猗联中，渊源江汉溯朝宗。流离颠沛，依然合作分工，陶冶德性，更期智慧见辉煌。日新月异，前途迈进无穷。”

按照中国童子军总会的有关规定和当局的指令，“联中”在初中就设置了童子军课程，并在学校推行童子军管理，对学生实行军训，以适应抗日形势的要求。

为宣传爱国民主抗日思想，鄂湘教区联合中学组织了文艺宣传团体——“文华剧社”，排演街头戏、话剧等文艺节目。他们经常利用赶集日到街头进行宣传，号召镇南人民有力出力，有钱出钱，有人出人，团结一致，抗战到底。剧社先后公演过《放下你的鞭子》《雷雨》《钦差大臣》《复活(哑剧)》；教唱《流亡三部曲》《打回老家去》《游击队歌》《义勇军进行曲》《大刀进行曲》《中国不会亡》等歌曲。同时，“联中”全体师生积极参加镇南县各界的“九一八”八周年纪念大会和纪念“七七”抗战四周年等一系列爱国活动，在抗日宣传中起到了促进作用。

1942 年 5 月，由于日军从缅甸侵略云南，腾冲、龙陵失陷，“联中”唯恐日军沿滇缅公路长驱而入，学校又再遭破坏，遂于 1942 年夏，由南华迁往贵州清镇县巢凤乡东山寺继续办学，直到 1945 年抗战胜利后，“联中”才迁回武汉。

镇南“联中”在南华虽只有三年时间，但它已融入南华的这一片热土之中。以“联中”和镇师、县中学的关系为例，县中学校长周丕义，文学造诣很深，主动到“联中”担任国文、历史讲授课程。“联中”支援县中学数学、英语教师。每到周末、节假日，两校学生便在一起举行球赛，组织诗歌会、朗诵会等。特别是“联中”学生隐忍又埋头苦学的精神，对镇师、县中学是一个鲜活的教材，激励并启发县中学的学生们更加努力学习。

武昌文华中学创办于 1871 年(清同治十年)10 月 2 日，后来改叫武汉市第三十三中学，现又恢复原名。希理达女子中学创办于 1874 年，现在叫武汉市第二十五中学，至今已有 140 多年历史。

学校是孩子的未来，民族的希望。透过这些历史沉淀出的文字，我坚信文化的力量，只有文化才是民族兴盛的灵魂。

原载于 2013 年 12 月云南民族出版社《红色南华》

镇南文峰塔说

陈志国

镇南文峰塔，这是一个曾与镇南文脉息息相关的建筑。作为后人，没有从那个时代走过，自然无法看到她的芳颜，连想象都似乎不太容易，不免让人遗憾和失落。然而，南华的文史爱好者们依然没有忘记这样一个存在了数百年的历史建筑，关于她的前世今生，人们很想一探究竟，于我而言，显然已是迫不及待了。

镇南文峰塔，其最早载于志书，则在咸丰《镇南州志》。其"塔坊附"言：文风塔，州治南三里，塔塘山顶。州治南四里松毛地屋后，名松山塔。后光绪《镇南州志略》亦沿用咸丰志书之载，然皆未记其建制。此处"文峰塔"作"文风塔"。据了解，松毛地屋后之塔称"松山塔"。而塔塘山，志书中未见其载。2006 年，我在南华一中上学时，常听人提起在今菌王山南麓有古塔遗址，我曾和几位朋友到实地探访。在缓坡杂芜间，确有塔基一样的遗址，荒草之中，有疑似塔砖之物散落，不知此地是否就是志书中所说的"塔塘山"。

显然，文风塔之建，与当时镇南州城内之文庙、广福寺、玉皇阁、书院等遥相呼应，实为培植镇南文风而建之附属建筑。镇南地处荒僻，历代州官皆未创志，了无可记，及至康熙三十八年(1699 年)，镇南知州陈元治下，才有创志之举。后来及至雍乾之初，士人努力向学，继后科第连茹，人文蔚起，文风才一时丕正，这与自陈古愚先生以后的历代州牧之苦心经营不无相关，冥冥中似乎与文风塔之存有莫大关联。

民国三十一年(1942 年)，郭理初先生在修《镇南县志》时，将此塔载入县志。其在"古迹志・亭阁坊塔"载：文峰塔，在城南三里，塔塘后山，正与学宫相对，创始无考。民国十七年(1928 年)，大风吹塔顶，坠落石葫芦也。廪生周维藩时充议长，督工修复。同时，理初先生也提到了前述二志书中所载城南四里松毛地屋后之塔。然此处载：松山塔，在城南四里松毛地后山，较前一塔高大不及，然过于浮屠远矣。由此观之，民国年间，松毛地后山之塔易名"松山塔"，与其前述之文风塔应实为一物。

据其记载，其建制规格似高于塔塘山之塔，然其浮屠雕塑则远不及塔塘山之塔。如此说来，不由得让我疑惑，松毛地塔之建筑年代似晚于塔塘山之塔。因明代以前之镇南，佛教之阿吒力教大行其道，民众多以此为信仰，让塔饰以精美之浮屠雕塑成了可能。所以塔塘山塔之创建，初实为佛教崇拜之建筑，而后历经百年，阿吒力教势衰，而又为民众之作为文风塔而崇拜也未可知，然陈古愚先生创修州志为何不见其记，不知其详。至于其"文笔"塔之名，则因塔身笔直，似笔高耸，直插云天，以"直""秀"而著称，因而得名，故此"文笔"之名为近世之说，也是可信的。

无论"文峰塔""文风塔""松山塔"，还是"文笔塔"，都是镇南数百年文风的见证。数百年来，她见证了兵燹动乱，战火连年，刀兵血流，然而始终屹立不倒，如旗帜般巍然屹立于山巅之上，与这座饱经沧桑的小城同呼吸，共连理。

据《中共南华县大事记》载：1966年8月，在大破“四旧”（旧思想、旧文化、旧风俗、旧习惯）的口号下，县内著名文物古迹亚魁坊、文笔塔、松山塔、西山寺等陆续遭“红卫兵”“造反派”摧毁，继而南泉寺、见性寺、蟠龙寺等亦遭毁。修于1995年的《南华县志》记载：文峰塔在1967年“扫四旧”时，被“造反派”挖空底座，塞炸药于内，一轰而毁，其松山塔（文笔塔）也于同日被毁，留给世人的是无尽的遗憾和遐想。

镇南文风塔自载于志书，经300余年，历沧桑巨变，物换星移，俯视南州一代代学子出入黉宫，实至名归。如今轰然无处，世人寻觅她的踪迹，她却永远飘然于尘埃，再无处可寻。

镇南县城史话

张兆钫

“苴水象岭抱一州，人家烟树拥层楼。东矗巩华迎朝阳，西迎来远景色优。南启文明立序庠，北眺龙泉翠珠流。九府通衢古称誉，南丝道上锁咽喉。”这首诗描述了镇南（今南华）县城重要的地理位置及古城特色概况。镇南乃“濮落”故地，“欠舍”旧疆，唐初置邱州，至元十二年（公元 1275 年）置镇南州。镇南一名，即于此始。据邑人光绪戊子科举人郭燮熙编纂的民国《镇南县志》（稿本）记载：“万历四十三年（公元 1615 年）知州尹为宪移建今治，甃以砖石，周三里，高二丈，厚七尺。设四门：东曰巩华，南曰文明，西曰来远，北曰龙泉。门各有楼而无池，城式如船，中建玉皇阁，高耸如桅以镇之，勾画出了镇南县城的概貌。

县城城区呈椭圆形，像一艘稳航东行的帆船。城的四楼，巍峨壮观。楼下有门，是进出县城通道，两壁全用砖石卷成，顶部呈半圆状。高可二丈，宽约一丈六七，长约二丈有余，民间称“城门洞”。外沿用四寸厚的方木钉成双扇大城门，楼侧住有一户守门人，负责晚关早启。城门通道两壁，常为官府和有关机关粘贴“告示”和其他宣传品。通道之上是城楼，民间叫“城廓楼”，从楼侧设石级登之。城楼较宽敞，建筑面积约有 300 平方米。旧时曾作庙坛（如南城楼上曾供魁星，北城楼上曾供真武，西城楼上曾供武侯），民国时曾围作机关驻地或驻扎团兵。解放前夕，四座城楼均安排驻扎西护队。四座城楼之间，筑成环形垣，俗称“城埂”。城墙上有垛口作防御用，俗称“城牙齿”。

旧时，镇南县城的街道，只有“东西一条街，南北三条巷”（北巷、大巷、南巷）。街道宽仅 6 米，路面凹凸不平，污秽丛生，卫生很差。据考，民国时期县城街道较大规模的建设有两次。一是民国元年（公元 1912 年），县知事姚廷和用罚金购买块石，作为维修街心的“引马石”。“引马石”约 2 尺宽，嵌于街道正中单行排列，两旁如鱼脊梁式。距铺台约 1 米处，留有一条宽约七八寸的水沟，以疏雨季水流。二是二十世纪三十年代，随着滇缅公路开通，县城北部渐趋繁荣。县长赵正岳于民国二十九年（公元 1940 年）拓北巷为北街，将北巷居民房屋主建筑旁的偏房拆除，各退数尺，增宽街面，使原来一辆卡车都难以通行的北巷，拓宽为 6 米左右的北街。又于北街的西廓新建门面房一排作为县合作金库。

旧时的官吏，小有建树，便要让人歌功颂德。因赵正岳倡修北街，遂以其号“位北”为名，将镇南北街取名为“位北街”，并用大理石刻“位北街”三字嵌于龙泉门（县城北门楼）上。建北街的次年赵正岳县长又用公款购块石若干，补修了从东门至西门的“引马石”，并由居民备卵石自筑两侧街面。又动员群众修了“环城马路”，使过往马帮概由城外沿着城墙下面的“环城马路”行走。

解放前夕，镇南县城行政隶属龙川镇的内四保（当时龙川镇共辖八保，即城内四保，城郊四保），城内居民七百余户，二千八百余人。居民住房多为前后插厦的“老五架”土木结构二层楼房，分南北两廊排列建造，形成了一条约一华里半长的古朴整齐的县镇街道。居民住房临街的一面，除留大门外，大多砌成60厘米宽、120厘米长的铺台，铺台上修建梭槽式木板窗，以供关启。一般人家的房屋地基，通常是前至街面、后至城埂的长条形，宽仅丈余，往后延伸却很长。在这样窄长形的房地上，分层建房，叫前层、中层、后层。各层之间，自成院落。多数人家都在自己的院子里钻有水井，用吊桶取用。一般人家砌有花台，栽花植树，房屋虽不算华丽，但也显得古朴宜人。有相当一部分人属无房户，住房拥挤，一道大门进去竟住着三四家人。

全城最好的房子要数西街的高正岳宅。高正岳三十年代在西街所建住宅一排四格，前层朝街房屋仍设铺台。偏东的一格作为通向二、三层的过道。二、三层房屋相连。围成“三坊一照壁”院落，东面是照壁，北、西、南三面各有四格房屋，全部为走经楼房。房屋选料较好，前后走廊和石坎，都是用长三四尺方方整整的“五面石”砌成。其装修精致，雕花格子门，为当时县内少有。

南华县城由于地处滇中通往滇西的要冲，三十年代前是西南丝道重要驿站，过往马帮较多。每天从大石铺、清源哨、吕合驿东来西上的马帮，和从苴力铺、新铺、沙桥驿西来东去的马帮，大多在此就餐歇宿。城内的几家大马店，常常是客满马多。北门外的纪家大马店，每晚常有上百匹骡马于此驻足。滇缅公路通车后，这里又成了东西来往的汽车大站。交通畅，商贾兴，镇南虽是弹丸小镇，商业却渐次发展起来。早年，江西商人、四川商人就成批来镇南经商，在镇南设过“江西会馆”和“四川会馆”。玉溪商人来镇南经商者也接踵而至，尤其是来镇南开食馆的较多，并享有一定声誉。民国初年，玉溪人瞿荣章全家徙居镇南，在“县衙门”前面的照壁背后，开了一个食馆，名“荣丰园”。后来其子瞿龙江、瞿龙海、瞿龙希都继承了父业，在镇南分别开有食馆。他家所煮的小吃，汤好、料足、味正，招徕县内外顾客。此外，像张文明开设的“品香园”、胡国清开设的“古月春”等都较有名气，生意比较兴隆。

解放前，镇南县城居民大多以农为业，也有部分兼营小手工业和做小生意的。二十世纪三十年代前，由于迷信盛行，县城内经营锡箔业者较多，人们在农事之余，男子锤锡为箔，女子贴锡于纸，作为祀神祷佛的祭品。黄大综曾有一首竹枝词云：“手艺生涯锡箔捶，细心贴纸妇工宜。祈祷准备千家用，也算经营用巧思。”就是当时县城中经营锡箔的写照。这一历史现象，随着时代的进步，已经逐步消除。

镇南有“月琴之乡”的美誉，城区有二十多户经营制作月琴。他们所生产的圆形月琴和琵琶形月琴，做工精细，音色纯正，受到过往客商的欢迎。经营月琴的以郭纯熙、郭嘉熙、邱建勋最为有名。此外，在镇南这座小城中，经营各种手工业的名师巧匠人才辈出。除各种泥、木、石、铁工匠外，经营织布、染布业的以张平周、严邵武为代表，经营缝纫的以曾元洪、任绍禹、何健雄为有名，经营烤酒的以谢秉鑫、杨德培、李开俊、石国粹为有名，经营编扎业的以李英才、朱达经、杨成财为有名，行医开中药铺的以许光宇、段治经、张詠鹤、张九峰为有名。

城内还有相当一部分人家经营“汤水生意”，做豆腐、凉粉、冰粉。西街官长兴家、东街崔爱玉家的凉粉，别具风味；西街王永赞、吴子范家做的豆腐，质量上乘，人们都喜欢找着去买。从三十年代后期起，外来人口增多，过往商旅频繁，商品需求量大，镇南县城的商业较前有所发展。

资本相对较大一点，在县城开商号的有陈兴周的“荣兴祥”，李盛堂的“盛昌恒”，李焕莲的“焕新号”，李曼青的“广云祥”。盛家祥、李家振、张三、陶光喜等也开办了商号。这些人大多经营马匹及百货。连同其他摆摊经营的商户共达百余户。县城北门外还开起了“鸿盛大饭店”等八家旅馆饭店。商业虽然有了一定的发展，但在旧中国，民生凋敝，老百姓穷得叮当响，购买力低，销售额不大，这在某种程度上制约了当地民族经济的发展。

现如今镇南已经天翻地覆，旧貌换新颜。

原载于 2013 年 12 月云南民族出版社《情韵南华》

南州第一泉

普金华[①]

云南省楚雄彝族自治州南华县龙川镇龙泉社区东街东井新村，原名“古井屯”，有先辈打井一口供饮用。有文记载：“古井”在城东门外，水清而甘洌，汲者甚众。相传凿自“元时”，井房前旧时有亭。该村以井为据，更名“东井新村”。“东井新村”的这口古井有“南州第一泉”的美誉。

“南州第一泉”是一口历史悠久的古井，水源丰富，水质清澈。据说，“南州第一泉”可以追溯到几百年前，一直以来，都为当地居民提供生活用水。

传说很久以前，有一位官员长途跋涉后疲惫不堪，走到这口井边饮水解渴。其井水清澈甘甜，让他精神焕发，重新获得了力量，于是将它命名为“南州第一泉”，以示对这口井的敬意和感谢。后由贡士鲍毓英题字“南州第一泉”。

这个传说虽无法考证，但它真实反映了当地人民对这口古井的敬仰和喜爱。在历史长河中，这口古井见证了镇南县(今南华县)的发展和变迁，成了当地居民生活的重要组成部分。他们曾经利用这口井使这片土地变得更加富饶。围绕古井居住的东井新村居民，民风淳朴，团结友爱，守望相助，认真保护着古井。如今，虽然村民已用上自来水，基本已不再饮用古井里的水，但他们饮水思源，吃水不忘挖井人，仍然倍加珍惜和守护这口古井。

如今，这口位于龙川镇龙泉社区东街“东井新村”的古井，被列为当地的文物加以保护。离古井不远的东边是南华县城活动中心人气极旺的龙泉广场；东南边是空气清新、环境优美的土城湿地公园；西边是南华县城东门外的老街地段东西南北交叉路口；北边是熙熙攘攘的农产品交易市场龙泉市场；南边是充满琅琅读书声的东城小学。还有救死扶伤、护佑健康的龙川卫生院等设施。“南州第一泉”是南华县一个重要的历史文化遗存。

---

① 普金华：男，汉族，1962 年 1 月生，云南南华人。人民解放军原中校，人民警察原四级高级警长、一级警督。云南省作家协会会员、南华县作家协会副主席。文学作品《啊，马缨花》入选楚雄州第二届“马缨花文艺创作奖”；《“拿鱼”的记忆》获楚雄州第五届“马缨花文艺创作奖”二等奖。

半闲引虹山

李天永

南华旧史，州城如船，苴水盘龙，山形呈弧。夏秋之季，阵雨初歇，彩虹如霓，飞架成双。西山揽胜，画苑墨客，雅士书簏，纷纷踏至，引虹山之名始成。西山寺住持净贤法师如是说。

引虹山顶，是观古镇南八景之金峰晓日、古城烟雨与苴水盘龙的绝佳之地。此处观日出，紫气东来；凝眸揽新城，尽收眼底。

民国《镇南县志》记载："西山寺，在城西八里，明万历间，僧宗悉建。康熙辛未，武举徐乾元重修。咸丰间，经乱被毁。光绪八年，州人捐资重建。寺无僧住持。近有董居士集长斋教徒，在寺勤耕苦织，重建大门，并绕顶寺。民国二十九年，县长赵正岳置西山公园。"

甲辰春日，青瓦当空。应西山寺住持净贤法师之缘约，诚邀张建强先生、张海平先生、曹晓宏教授前往品茗。张建强先生留墨"常生欢喜心"；曹晓宏题西山寺偈"身去身来，无痴无碍，空空如也，何处尘埃"。边城秀才春日应邀引西山寺主持净贤法师嘱句书于西山寺。诗云："性爱青山赴清凉，万历古刹此重光。金园鸟瞰鸡和渺，桂殿霞飞瑶草芳。寒潭映月灭心垢，妙雨引虹浴天香。悠悠玉笛浸贝叶，滔滔比丘讲金刚。"

木雕佛像起源于汉代，盛行于唐朝。民国《镇南县志》记载："三世佛木刻像，县东三十里大天城正觉寺大殿，有三世佛坐像三。躯高四尺许，各配侍者二，躯高三尺许；通体涂金粉一色，冠带衣履皆极工致，望之如泥塑也，及谛观之，上有虫蛀眼，方知其为木刻。不识作于何代，询之寺僧，亦不能详，但相传为香樟木所雕云。""观世音及诸尊者木刻像，距正觉寺半里许，曰'朝阳寺'，殿内有大士、善财龙女木刻像，其鳌山各尊者小像，均为木雕者，工作亦精。兹寺已半倾圮，凡诸小像，都移至民众教育馆陈列参观。"西山寺住持净贤法师循尊前缘，恢复重建的西山古刹大雄宝殿内的佛像为香樟木所雕，世所罕有。

引虹山，与众多名人有缘。担当，云南晋宁人。明代著名书画家，云南历史上杰出的诗人和书法家，著名艺术高僧，号称诗、书、画"三绝"，原姓唐，名泰，字大米，法名普荷，后又更名担当，意为能荷佛家之担。受其曾祖、祖父和父亲的影响，自幼便长于写诗，遨游于大江南北。生活十分坎坷，有二女，俱寡，又无兄弟，心中感慨。应试不第，遂拜董其昌为师，学习书画，书法和绘画大有长进，风格独树一帜。在当时的文坛被誉为"诗书画"三绝的滇中第一人其著述颇丰，流传甚广，有《修园集》《撅庵草》《五龙山人集》等。云南许多名山胜景都留有他的墨迹。镇南（今南华）西山寺有他书写的木刻楹联，上联是："佛法隐在霜雪当中，若不受些苦寒谁求有醒。"下联是："仙风出于烟霞之外，必须离了尘土始得飘然。"因年代久远，寺毁联失，现仅存下联于南华县文管所。

南华道光庚戌科进士刘钟璟，文武双全，历任四川荥经、峡江、秀山知县，剑州、简州知州，因政绩突出，升泸州、直隶州知州。同时，还担任打箭炉军粮府、保宁府知府、护理川北兵备道，皆有善政，士民勒碑颂德。其回乡时有一首《游西山寺》："西山入望翠微招，路出层城路尚遥。白水湾中人影互，绿阴深处马蹄骄。寒泉映月潭三尺，峡小通风巷一条。蹑级还经峰顶下，琳宫已自郁苕峣。"

曹晓宏教授题诗赞曰："西峰万笏下苍茫，砥柱江天对大荒。饮涧回云多霁色，闻钟应鼓有霓光。殷勤广殿通三界，觉悟群生渡八方。妙相玄思期正果，传灯刻漏为慈航。"

引虹山麓不仅有双彩虹奇观，站在山顶晨看日出，暮观日落，秋季看云海，整个县城被笼罩在一层雾海中，恍若幻境，镇南八景之"古城烟雨"映现眼底。引虹山西山寺还有一景，即镇南古八景之一"寒泉映月"。旧时西山寺前有一古井，井内清泉流出，泉水极清。夜色降临时，月光映射水中，水里的月亮和天上的月亮相互照应，水波闪耀，井底就像有一个金色的月亮。《南州胜境图》中这样记述寒泉映月："城西五里西山绝顶有寺，寺旁有泉水极清，月照水中，光华四映。题曰：爰有寒泉，西山绝顶。皓月临空，天高地迴。金波下映，青光炯炯。谁扣禅关，山僧未醒。"

西山寺还留有清康熙镇南州知州陈元手书"寒泉映月"墨迹。寒泉映月这一古景在旧时被愚人所毁，后又复修，在"文革"时期再次随寺被毁。如今，通过西山寺住持净贤法师的艰辛努力，这一古景又以一个全新的面貌展现在世人眼前。

在西山寺，晨钟暮鼓中，寒泉映月处，有来远的清幽。

原载于 2024 年 6 月 28 日《楚雄日报》

南华文庙

李天永

南华文庙

《云南日报》载文“楚雄十八怪”。楚雄第一怪:南华野菌四季卖。南华盛产松茸、松露、牛肝菌、黑木耳等野生食用菌,当地野生菌加工企业采用先进工艺技术加工的野生菌系列产品,一年四季销往国内外市场。楚雄第二怪:西南赶考在明代。南华县是中国西南唯一一个明代科举制学府,自古就有“滇西重镇人文圣地”之称。如今南华仍崇文重教,书香气息在全州最浓。

2017 年 12 月 6 日,恢复重建的文庙大成殿及孔子铜像正式在南华一中落成,南华县举行了隆重的祭孔仪式。据《镇南州志》记载,南华文庙始建于明永乐七年,即公元 1409 年。民国二十五年,即 1936 年,云南省教育厅在镇南设立师范学校,以大成殿为礼堂,大成殿在“文革”期间被毁。文峰塔,南华的文脉,原址在城南三里,塔塘后山,即现在老高坝欣泰驾校后山,正与学宫(现南华一中)相对。

孔子铜像暨捐建石碑

镇南文庙大成殿的恢复重建，是在社会爱心人士的关心支持下，出资人民币151万元共同兴建而成。大成殿占地面积546平方米，建筑面积251平方米，殿堂面积138平方米。工程于2017年9月8日开工，2017年12月6日竣工。曹晓宏教授为南华文庙写过一副楹联：大哉夫子师表边陲洙水泱泱成一脉，美矣斯文教敷广宇龙川浩浩证千秋。上款落“辛丑午月”；下款是“曹晓宏敬题”。

诗词歌赋

古诗二首

王载元　张明亨①

一

去年霜草断人魂，满江秋水白纷纷。
犹记别时亭上约，西风塞上未逢君。

二

带剑飘然负不群，几回挥袖拂红尘。
不图紫绶朝金阙，独爱青山锁白云。
踽踽一身空世界，茫茫四海觅知音。
与君不负当年约，一榻清风到武城。

① 王载元、张明亨，唐朝（南诏）人物，诗文载于《镇南州志·仙释》。历史上有文字记载的南华最早的诗人或可归于两位道士，他们的名字叫王载元、张明亨。天启《滇志》卷十七说，王、张二人栖居镇南五楼山。

杨慎诗文

杨　慎[①]

垂柳篇

灵和殿前艳阳时，忘忧馆里光风吹。
千门万户旌旗色，九陌三条雨露滋。
苍凉苑日笼燕甸，缥缈宫云覆京县。
芳树重重归院迷，飘花点点临池见。
临池归院总仙曹，应制分题竞彩毫。
诏乘西第将军马，诗夺东方学士袍。
金明绿暗留烟雾，旧燕新莺换朝暮。
只知眉黛为君颦，肯信腰肢有人妒。
从此沉沦万里身，可怜憔悴四经春。
支离散木甘时弃，攀折荒亭委路尘。
摇落秋空上林远，婆娑生意年华晚。
肠断关山明月楼，一声横笛清霜坂。

晚晴登吕阁驿楼

云迷沙桥雨，风迎吕阁花。
长虹垂涧断，落景避风斜。
隐几庄周籁，长吟谢朓霞。
登临存二仲，谈笑竟昏鸦。

① 杨慎(1488 年 12 月 8 日—1559 年 8 月 8 日)，字用修，初号月溪、升庵，又号逸史氏、博南山人、洞天真逸、滇南戍史、金马碧鸡老兵等。四川新都(今成都市新都区)人，祖籍庐陵(今江西省吉安市)。明代文学家、学者、官员，明代三才子之首，东阁大学士杨廷和之子。

张佳胤诗文

张佳胤[①]

英武关雨行其一

晓度英武关，石径云中立。
山鸠高树鸣雷，雨转呼吸。
平畴响流泉，紫芝行可拾。
兹土况恒旸欢，声动蓑笠。

英武关雨行其二

乔松概高清，蛮烟霄行色。
仆夫夙严驾征，鸿渺难极。
山空响鹧鸪，徙倚岩洞黑。
旷哉江上怀浮，云起东北。

① 张佳胤，明代提学佥事（负责地方教育的管理和监督。），诗文出自《镇南州志·艺文志》。

丁灿南诗文

丁灿南[①]

秋日登昭应山遇雨即景

鹦山高耸镇城秋，此日登临记旧游。
绿野趁晴千顷秀，清流带雨数湾幽。
云烟几度闲舒卷，诗酒多情自款留。
名岳攀缘知有待，眼前兴到即沧州。

徐久野绘新增镇南十景(翠拥层楼、东浦塔影、松林古寺、云锁澄潭、温泉兢浴、寒溪漱玉、石罅洞天、秋江叠嶂、天台松涛、石鼓春喧)之“翠拥层楼”

① 丁灿南，明代庠生(指府、州、县学生员的别称)，诗文出自《镇南州志·艺文志》。

山行即事

陈　元①

二月榴红映碧峰，醽醽薄酒醉花丛。
云遮古道千山外，人在羊肠数曲中。
饭熟不嫌啖小米，园肥偏爱摘鸡枞。
闲来偶话南州事，苗倮犹知有卧龙。

徐久野绘镇南新增十景之“东浦塔影”

① 陈元：生卒年不详，男，字遴三，号古愚，浙江余姚人。少年好学，康熙二十七年（1688年）浙江余姚进士，曾任湖南平江知县、江西吉安府同知、刑部员外郎、河南主考、贵州思州知府。陈元于康熙三十八年（1699年）到任镇南（今南华县）任知州。康熙四十三年（1704年），陈元到任五年后，完成南华历史上的第一部志书，即今天所见康熙《镇南州志》，是南华文献之祖。

甘仲贤诗文

甘仲贤[①]

鸡和十咏

设馔鸡和地，骈罗野味丰。
撑肠容虎掌，果腹爱鸡枞。
栗蕈香堪采，荷囊豆亦充。
山蔬多且旨，底事说秋嵩。

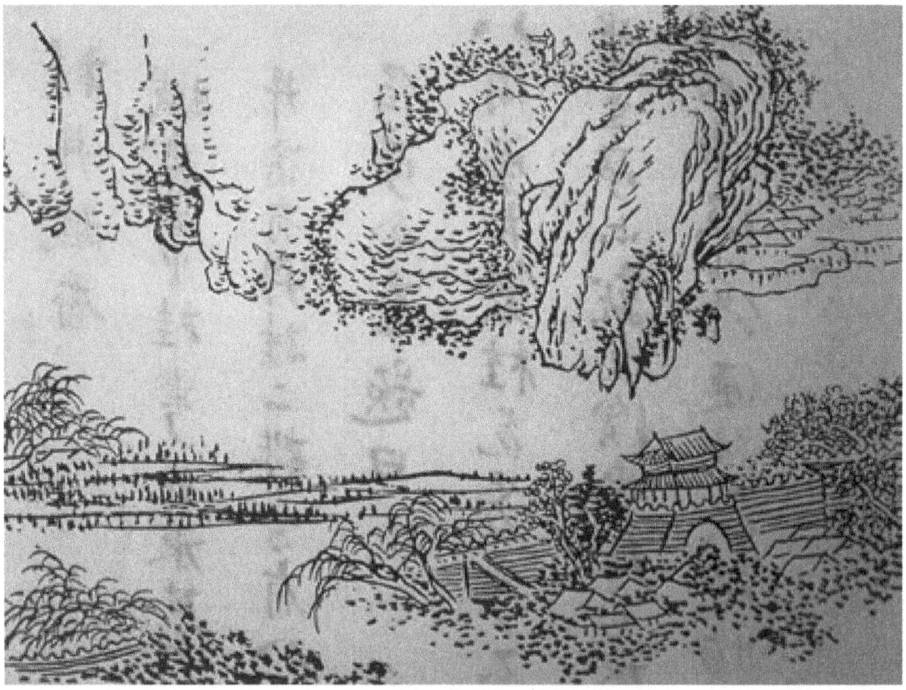

徐久野绘镇南八景之“古城烟雨”

① 甘仲贤：光绪二年（1876年）丙子科举人，清末学者和诗人，著有《观象损益斋文集》四卷等。

苏世勋诗文

苏世勋①

游来青阁

即此是丹丘，普陀绝顶游。
谁携谢朓句，同上庾公楼。
一阁山开面，千峰石点头。
不堪将尽酒，鲈脍又思秋。

徐久野绘镇南八景之“桂井飘香”

① 苏世勋：嘉庆镇南知州，广东桑水举人。嘉庆间任州事，喜接见士人，问民间疾苦。有不便于民者，则力革之。捐廉修龙川书院。诗文出自《镇南州志·艺文志》。

景尧春诗文

景尧春[1]

卸篆后游来青阁留别周生铭

得卸蛟肩心极乐，振衣直上来青阁。
一城烟火望中收，四野风光杯底约。
为学已经费苦辛，入官更觉多般错。
吾徒莫负我相期，浪说鸡群难立鹤。

徐久野绘镇南八景之“寒泉映月”

① 景尧春，道光镇南知州，诗文出自《镇南州志·艺文志》。

黄大琮诗文

黄大琮[①]

镇南杂咏

鸡枞上市共尝鲜，芳烈何如两种菌。
食谱试评风味美，栗窝虎掌尽山珍。

镇南杂咏

不知土主是何神，雨露村头岁祀新。
笑煞痴狂众男女，会场百戏沸如尘。

镇南杂咏

州城传说成船式，巧绝安排四扇开。
孤塔高悬如作棹，三层楼是一枝桅。

① 黄大琮：号“蛰庐”，福建人，生卒年无考，军旅作家。曾率军寓居镇南两月，即得杂咏58首，附存计诗、词15首，于宣统元年（1909年）在昆明石刻印刷《镇南杂咏》一书。

严正身诗文

严正身[①]

五楼山

石鼓风烟锁镇南，青山犹有白云庵。
数行短句横秋雁，几点残棋带晓岚。
俯仰乾坤非睥睨，纵横诗酒任沈酣。
登高别有襟怀处，梦与仙人一夜谈。

徐久野绘镇南新增十景之“寒溪漱玉”

① 严正身：镇南人，字高峰，生卒年不详，少时聪颖，精研时文，工于书法，雍正丙午（1726年）中举。乾隆十八年（1753年），他以举人身份携弟严正品赴浙江任职，历任绍兴、新昌、桐庐等县知县，充任浙江乡试同考官。与南华历史上第一位进士陈封舜为同一时代的人。诗文出自《镇南州志·艺文志》。

郭燮熙诗文

郭燮熙[①]

梅雪堂诗稿——墨花诗

几生修得到梅花，细想吾生也有涯。
但使孤高无俗韵，自摹清影要名家。

忆南泉寺茶花

空山兰若得春先，合瓣茶花朵朵圆。
万绿扶持如捧日，千红灿烂欲烧天。
英华早许超群卉，根底还知厚百年。
老干奇葩何处所，东风吹梦到南泉。
记得诸天在上峰，入林便觉界清凉。
松涛谡谡含风响，竹粉娟娟带露香。
花笑牡丹空富贵，草怜冬绿阒芬芳。
山中最是山茶好，万朵红云礼玉皇。

明三保太监郑和故里碑

鸡和忽有郑公乡，新矗丰碑孔道旁。
一代朱明迁百地，千秋青史拓南洋。
马来群岛今谁属，逐鹿中原又几场。
记得卓如曾立传，争墩岂待辨昆阳。

① 郭燮熙(1868—1943年)，字理初、礼初，自号梅花老人、梅雪、南舟、雪舟、石樵，室名梅雪山房，镇南(今南华)龙川镇西街人。历任昭通鲁甸县知事，盐丰知县(今大姚石羊镇)。一生编修《鲁甸县志》《盐丰县志》《镇南县志》，撰写《云南光复纪要》，辑录《闺德录韵言》，著《孝弟录韵言百篇》，另有《梅雪堂诗稿》《梅禅集》《雪舟诗稿》等众多诗文传世，成就斐然，为镇南留下了一大笔宝贵的精神财富。郭燮熙集史学家、画家、国学家、诗人等身份于一身，是晚清民国时期云南历史文化名人的代表。

见性山往

记得入山兰若深，曾陪杖履宿空林。
夜清月漱松溪玉，秋老花馨桂院金。
佳日会当重九节，明星照澈大千心。
八庵惟此称幽胜，应约诗朋再往寻。

徐久野绘镇南八景之“金峰晓日”

宿镇南赠郭理初先生

李根源[①]

南关亭下驻征轮，即向风尘问故人。
有道先生真有道，深情赠我一枝春。

沙　桥

沙桥古驿乱山崦，小憩征车打午尖。
嫩煮鱼羹餐豆饭，香生馋口梦回甜。

① 李根源（1879年6月6日—1965年7月5日），字雪生，又字养溪、印泉，云南腾冲人，生于云南腾越（今云南梁河九保乡），近代名士，中国国民党元老、上将，爱国人士。李根源是辛亥元老，曾参与领导云南起义，参加"二次革命"、反袁世凯称帝活动和"护法"斗争等革命运动，修建英雄冢，倡导建设"腾冲国殇墓园"，在昆明"重九起义"、云南军都督府建立、滇西问题的解决、边疆民族地区的治理等方面做出了重大贡献。他在镇南（今南华）立三块"郑和故里碑"，建一座"郑和庙"，将"明三保太监郑和镇南人"写进《滇西兵要界务图注》。

过镇南州怀三保太监郑和

李学诗[①]

有明太监郑三保，家住滇西镇南道。
矫然孤鹤立鸡群，不飞不鸣成枯槁。
一朝鹰隼出风尘，健羽瞵目搏秋旻。
当时政治重闭关，谁识海外天地宽。
忽必烈虽勤远略，兵到大秦师归还。
立功绝域班定远，博望乘槎黄河源。
丈夫事业应尔尔，余子碌碌何足言。
胸中忽尔开异想，长鲸大鳊泛泱漭。
师领健儿三千人，直向重洋飞五两。
夜深鱼目射天红，天阴鳌背翻百丈。
云帆闯入鲛人室，藤杖击开木客环。
快刀割耳伏蛟龙，先声破胆摄魍魉。
台湾曾遗紫芽姜，锡兰庙貌肃精爽。
西洋记演罗懋参，海国岛夷皆景仰。
枭獍群中长凤雏，漫道刑余无丈夫。
岂惟人艳谈轶事，青史明明未模糊。

① 李学诗：字希白，号罗生山人，云南腾冲人，生于1874年，李根源族兄。毕业于云南讲武堂，1911年参与张文光领导的腾越辛亥起义，半生戎马，南征北战，于1919年被授予陆军少将军衔，获二等龙虎章，1930年逝世。李学诗文武兼备，著有《滇缅边界记》四卷、《罗生山馆诗集》四卷、《罗生山馆文集》一卷、《治平吟草》诗集四卷。

赵藩诗文

赵　藩[①]

晚次沙桥

村树依微落照边，时从树杪望炊烟。
寒鸦归去争华表，断雁饥来下野田。
误喜科名酬远志，愁随车马送流年。
倦游方信闲居好，雨滴槽床被酒眠。

徐久野绘镇南八景之"苴水盘龙"

① 赵藩(1851—1927年)，字樾村，一字介庵，别号蝯仙，晚年号石禅老人。白族，云南省剑川县向湖村人。云南省近代著名的学者、诗人和书法家，光绪元年(1875年)举人，官至四川按察使。工诗善书，著有《向湖村舍诗初集》《向湖村舍诗二集》《向湖村舍杂著》《介庵楹句集钞》，总纂《云南丛书》。

镇南八景咏

张辉煌[①]

莫问鸡鸣贪日出(金峰晓日);
咳唾随风落九天(珠盘叠翠);
香飞八月庆团圆(桂井飘香);
凄凄霭霭旧城边(古城烟雨);
夜静方塘时焕彩(寒泉映月);
鸟对青山影自怜(鹦鹉来青);
龙蟠大野形还娇(苴水盘龙);
晨清古道半拖烟(平桥烟柳)。

---

① 张辉煌,清代学正(清代地方教育体系中的重要官员,主要负责和监督地方学校的教育事务),诗文出自《镇南州志·艺文志》。

金峰晓日

张登逵[①]

峰顶鸣金鸡，峰边上晓日。
鸡声晓色中，金光动文笔。

徐久野绘镇南八景之“平桥烟柳”

① 张登逵，清代学正（州级儒学教官），诗文出自《镇南州志·艺文志》。

珠盘叠翠

龚长青[①]

空翠浓无著，大珠小珠落。
叠叠走盘间，付之山灵托。

徐久野绘镇南新增十景之“秋江叠嶂”

① 龚长青，清代人，诗文出自《镇南州志·艺文志》。

桂井飘香

欧丕秀[①]

八角亭边露，幽香处处浮。
桂飘云外彩，井挹古来秋。
美酒供千瓮，名茶试一瓯。
汲深功已到，预兆广寒游。

徐久野绘镇南新增十景之“石鼓春喧”

① 欧丕秀，清代贡生（科举时代，秀才中成绩优异者，升入京师国子监的读书人。），诗文出自《镇南州志·艺文志》。

古城烟雨

郭凌霄[①]

雨细复烟轻，今城望古城。
高原多瘠土，几处乐深耕。

徐久野绘镇南新增十景之“石罅洞天”

① 郭凌霄，清代增生（明清科举制度中仅次于廪膳生员的秀才等级），诗文出自《镇南州志·艺文志》。

寒泉映月

万钟英[①]

寒泉清无滓，寒月共千里。
夜夜汇虚明，静中藏妙旨。

徐久野绘镇南新增十景之“松林古寺”

① 万钟英，清代人，诗文出自《镇南州志·艺文志》。

鹦鹉来青

刘肇唐[①]

山青来远眺，鹦鹉收众妙。
为语慧性人，莫受青山笑。

徐久野绘镇南新增十景之“天台松涛”

① 刘肇唐，清代庠生，诗文出自《镇南州志·艺文志》。

鹦鹉来青

吴玉书[①]

咫尺瞩春岭，古来昭应灵。
莫嗟鹦鹉去，山势北来青。

徐久野绘镇南新增十景之“温泉赩浴”

① 吴玉书，清代廪生（为清代官学生员中的第一等，享受政府生活补贴。），诗文出自《镇南州志·艺文志》。

过苴力铺

徐嗣阶[①]

此地沧桑屡变迁，我来刚遇菊花天。
盘山苴水依然在，不见先生垂柳篇。

① 徐嗣阶，清代人，诗文出自《镇南州志·艺文志》。

平桥烟柳

徐登荣①

桥外澹烟丝，桥头杨柳枝。
君看烟柳际，中有古别离。

徐久野绘镇南八景之“鹦鹉来青”

① 徐登荣，清代拔贡（地方生员入国子监的生员。），诗文出自《镇南州志・艺文志》。

平彝桥

陈封舜①

平桥经野渡，卧浪漾晴晖。
柳絮铺烟密，花蔫带露肥。
山光迎旅辔，曙色点征衣。
勒马遥观处，雄州隐翠微。

徐久野绘新增镇南十景之“云锁澄潭”

① 陈封舜：字宾侯，号龙川，云南镇南（今南华）人，乾隆二年（1737 年）进士。乾隆十三年（1748 年）任山西省陵川县知县。在任九年，勤政爱民，教养兼施，兴文教，宽赋税，修水利，成为陵川历史上政绩最为卓著的知县之一，百姓自发为其建立生祠。他创办了陵川望洛书院，亲自督课，作育化士，开创了陵川在清代“人文蔚起，科第连茹”的崭新气象，备受后世赞颂。南华历史上第一位进士，历任山西陵川县知县，湖北郧阳府通判、代理竹溪县知县、南漳县知县等。先祖陈均祥，为元末威楚（楚雄）同知高政属下把事。

沙桥晓发

尹 艺[①]

鸡唱沙桥月，催人不肯停。
凉秋过白露，归路指青岭。
梦觉嫌宵短，寒深逼酒醒。
此番行道苦，何事不曾经？

吕合登吕祖阁

金丹何必误先生[②]，剑气横空鹤一声。
边塞岂能留上客？蓬莱高处早题名。

经灵官桥

疏柳短桥横，朱霞斗晚晴。
霜浓鸦舅色，风响雁奴声。
道远非关懒，山多转爱平。
那堪年一稔，犹此事长征。

沙桥见同年杨昆峰题诗壁间依韵怀之

不上高楼不赋诗，昂然天外举头时。
何年太史留真迹？万里长安忆故知。
远道梦萦江北柳，春风曲听锁南枝。
为君对月频呼酒，几日螃螯手共持？

① 尹艺，腾冲人，诗文出自李根源著《永昌府文征》。
② 误先生，昔人有咏召祖诗云："未必无心唐世界，金丹一粒误先生。"

徐久野绘镇南八景之“珠盘叠翠”

广 通

刘宗鉴[①]

三竿日影暮烟飞，石迳寒山缓缓归。
正是倦游人意懒，广通城里驻骖骈。

楚 雄

晚风聚起雨濛濛，雨霁烟消见彩虹。
山近楚雄频远望，四围青霭一城中。

吕 合

青山遥抱小村斜，吕合羁栖近酒家。
天晚市场人影散，醉吟楼上望烟霞。

沙 桥

天涯归马宿沙桥，沽得新醅旅恨销。
看剑引杯供一醉，还乡休问路迢迢。

① 刘宗鉴，腾冲人，诗文出自李根源著《永昌府文征》。

沙桥早行次段漱泉韵

黄万春[①]

马首匆匆去，沙滩露未消。
但闻鸡喔喔，不辨路迢迢。
片月低前岭，新泥滑小桥。
俄惊天际日，拥出九重霄。

① 黄万春，保山人，诗文出自李根源著《永昌府文征》。

游黑泥温泉记

陈　元

予守镇南之二年，行部至英武乡，有山曰“黑泥”，孤危一径，舆马不能入，悬崖扳木而登，峭壁削立，俯瞰溪流一线，有坠石森列如剑戟，从客皆股立，行二里许，始得平皋，宽广盈亩，可膝坐，对望清流，涓滴不绝，乃温泉也。泉之名有四，最高者曰鹦哥潭，在山绝顶，人迹罕到。次曰天蓬潭，潭上石擎如华盖，旁穿一小孔，亦莹洁可爱。又次曰象鼻潭，奔泻如瀑布。最下曰马槽潭，则递注汇流之所也。山罅多石硐，林木蓊翳，有夷妇数十，羊裘裹足，避匿于此。予怪，询之，土人则曰：“自洱海赵州来，欲就浴者。”予笑谓友人曰：“汾阴之泉，汉天子幸焉。骊山之泉，杨太真浴焉。斯泉之秀澈香润，仅供倮㑩僰夷之濯足，山川遭际之不同，乃至此耶。”昔柳柳州作《马退山茅亭记》有曰：“兰亭也，不遇右军，终湮没于荒郊蔓草。”今吾与二三子梯登幽壑之巅，澡雪琼浆之畔，使非作赋能诗，表彰胜迹，则斯泉之浴，士大夫与浴猓猡僰夷何以异，元也不文，以俟君子。

陈以忠诗文

陈以忠[①]

火把节赋

系五方之异域兮，亦四时之推迁。考芳辰于六诏兮，征轶事于南滇。有星回之令节兮，志习尚之相沿。家燔柴而共执兮，户列炬而高悬。因赐号曰“火把”兮，为风俗之流传。当六月之廿四兮，采岭上之松脂。木之伐而斤运兮，薪之析而斧斯捆。拟许行之为履兮，烽嗤褒女之相嬉。即暴之以朝日兮，又烘之以夕曦。感良辰之已及兮，负良夜而奚为？及斜晖之没彩兮，趁暮影之朦胧。灯未张夫舍北兮，烛不举于堂中。燃薪火以四照兮，周屋角与墙东。疑珊瑚之火树兮，映琉璃之屏风。疑火齐之照灼兮，彻院宇而皆红。及分持乎儿曹兮，逮僮仆而各足。相征逐于衡宇兮，共喧阗于巷曲。逞焰焰于街衢兮，争烈烈于流俗。天半灿其朱霞兮，光辉普而遍烛。似星点之整斜兮，奚红荧之断续。始焰烂以景彰兮，继辉煌而滋蔓。火云拥而星流兮，火龙翔而雾喷。或行列而相联兮，或队分而忽远。岂秉烛以夜游兮，方白昼而不逊。听杂沓之笑语兮，识欢呼之众愿。非旧迹之堪传兮，又何以相沿于户万。缅往代之流芳兮，稽故老之遗闻。谓诸葛之平蛮兮，南人待而情殷。曾燃炬于此夕兮，迎渡泸之三军。遂相传为故事兮，志向化之欣欣。逮南诏之跋扈兮，诱邓赕而焚之。邓妻慈善先觉兮，甘殉节而不移俗。伤焚灸于往昔兮，爰吊烈女于今时。斯二说之并著兮，皆野史之所遗。无明文以为征兮，将然乎而岂其？惟九土之殊风兮，俗自仍乎遐荒。虽无征而不信兮，要循习而弗忘。纪火把节于滇土兮，亦景美而辰良。岂以僻在南服兮，遂为采风所莫详。

① 陈以忠，清代举人，云南镇南（今南华）人，诗文出自《镇南州志·艺文志》。

镇南州赋

甘孟贤[1]

濮夷故国，欠舍旧疆，内分四界，外到三乡，为姚安之屏障，实威楚之关梁。割据久经夫蒙段，分争迭见于汉唐。版隶滇云，宏开地轴，星辉井鬼，彩焕天章。尔其清水东流，旗山北峙。鹦鹉崔崔，马龙弥弥。石犬吠而野人惊，金鸡鸣而山客起。人来打雀，路转一十八盘；江绕长虹，波奔几千万里。登天台而远眺，会逢采药之仙；听响水以高吟，不见咏兰之士。若夫烟锁柳桥，香飘桂井；米汁濛洄，石门严整。风回苴水之波，月映寒泉之影。扣石鼓以寻声，登金峰而赏景。鸡和尚有故城，龙角磨于高岭。垒遗汉相兮荒凉，石化女婴兮俄顷。云林叠翠，吟成摩诘诗情；烟树来青，描入燮熙画镜。至于金汤之固，城郭为先，地称溪邑，门号龙泉。移建自有明之始，增修于嘉靖之年。置学宫于南郭，倚书院于东偏。州署宅于中，临往来之大道；行台在其左，供匮乏于名贤。锁水塔高，吁嗟废矣；亚魁坊古，屹立依然。若乃陂堰之修，驿亭之置，双树婆娑，千工修治。阿雄自是雄封，英武宜修武备。水井与水盘齐名，沙桥即沙却旧地。瞻高峰之哨耸，几察奸民；沔东浦之澄清，开通水利。至若桥成铁索，村有木瓜；过三元之略，览双甸之人家。长寿长坡，虹腰绵亘；新村新堡，鸟道横斜。野水多情塔白兮，倒涵片影；蓬门无事土红兮，远映流霞。见性山高，栖仙寺古；指月明庵，白云在户。享广福于空门，参大乘于净土。忍污作祟，可笑油神；化骨医疮，空逢吕祖。登层楼而晚眺，万家之烟火当前；入石洞以幽深，半壁之岭岈可睹。士攻制艺，民务躬耕；蚕桑稀少，黍稻充盈。惟南方之土瘠，适异国以营生。力学文人，每聚徒而教授；清斋女子，恒待字而守贞。到门则拍拍有声，点纸之工甚巧；过市则丁丁送响，锤铅之艺最精。春秋令节，冬夏佳期，古风未远，乐事相宜。元旦登西山以宴集市，暮春诣东岳而祷祠。冬至阳生，比户都尝资饵；清明墓祭，荒郊遍折柳枝。泥黑泉温，游人如织；山高路险，过客所危。若夫善政覃敷，编氓戴德；邹牧廉明，岑君恒恻。陈元不愧循良，翁甲亦称正直。周国庠赋薄民安，张伦至谣轻讼息。更有尹、钱、卢、马，万户蒙恩，方知李、杜、龚、黄，千秋生色。地灵人杰，化洽政通；贤豪代作，文艺相雄。科第以陈、刘为最，端方则欧、许相同。张象乾缅甸寻亲，历艰危以致孝；王用之边州仗节，遂慷慨而全忠。文学推魏、许、张、陈，清才独擅；节孝重杨、梁、陈、漆，大义可风。则有菜号鸡枞，菌名虎掌；竹鼠登庖，花鱼入网。植荞稗于山田，种稻粱于平壤。南乡陶器，有旁邑之懋迁；山寨粗麻，惟夷人以绩纺。边城虽小，胜迹孔多；遗编细检，浓墨新磨。成俚言于永夜，寄逸兴以狂歌。且将风景城池，聊供抒写，岂谓山川人物，尽此包罗也哉！

① 甘孟贤(1853—1916)，姚州(今姚安县)人，甘雨长子，字应埙，一字伯壎，同治癸酉(1873)年举人。曾至镇南(今南华)讲学多年，多篇诗文传世。

郭荫超诗文

郭荫超①

明三保太监郑和事略考

距今五六百年前，有超前轶后为中国破天荒之一大冒险家，彼何人？斯则明三保太监郑和是也。世称和云南昆阳人，而梁启超氏著传则曰楚雄人，李根源氏又定为镇南人，于民国元年树碑城东、西门外，文曰："明三保太监郑和故里碑。"然则二者何？居昆阳人耶？抑镇南人耶？以吾考之，则二说皆是也。盖和初本昆阳马姓回，其祖、若父曾朝天方以归，均称哈只（见永乐三年大学士李至刚所撰和父墓志）。然侧闻和幼时流落，为镇南郑姓所得，养以为子，遂袭其姓，故名郑和。而李撰之墓志乃曰"天子赐姓郑"。考之古史，凡天子赐姓，必以国姓，如汉高祖之赐项伯姓刘，唐太宗之赐徐绩姓李，即其明证，绝无赐以他姓之理。意当日，和既贵显，不便更正。而李至刚为其本生父作墓志，亦不便言为郑姓养子之事，故以"赐姓言"讳之也。抑又闻：和幼不知书，及长为阉，则不得其详。当是时，明兵入滇，元梁王兵败奔大理，明兵逐之西上，和被明兵掳，为黔国公沐英送之京师，给事于燕王邸内。后随王出藩北平，日侍左右。及燕王起靖难之师，逐建文而篡天下，和亦有功于其间，益受成祖宠任，擢之为宦者长。于是，遂有统兵出海外之使命（案：成祖斯举，初意非行侵略主义，其心别有所图焉。方燕王之入京师也，大内火起，建文失踪，及即位后，大索不获。或有传其已出海外者，成祖信之不疑，乃命和率兵舰数十艘、兵士数千，迳出海外，假征贡之名而踪迹之。复因此隐衷，不便明白派遣大臣，故命宦者为之也）。当和初出海时，茫茫然无所之，与掀天巨浪相浮沉。时遇飓风，濒于危者屡，然和持之以镇定坚忍，曾不稍挫其志，勇往直前，卒于数十日后即达琉球；便向南继进，遍历菲律宾、波罗洲、爪哇、苏门答腊诸岛；再向西行，经新加坡、暹罗入印度洋沿岸，过锡兰，直抵非洲东面马达加斯岛而还。综其凡经开拓者，无虑数十岛、三十余国，或迫以兵威，或声以义问，不待战胜攻取，莫不帖然詟服。乃征其降表及明珠、大贝、珊瑚、玳瑁各方物，挟数十国之贡使，归报成祖。虽与出海之初愿相违，然成祖固好大喜功者，亦甚乐之，遂崇厥勋而赐之以高爵，厥后乃考终于宣宗之世。至今南洋群岛尚称其盛，多有庙祀云。夫郑和，一宦官耳，顾其所成之事业，乃远出诸公侯之上。吾尝上下千古，知于吾国史中，实为超前轶后之人，称之曰"中国第一大冒险家"，和足当之无愧。更征诸世界史，彼麦哲伦之交通欧亚航路、哥伦布之发现美洲新大陆，固今世人所极称仰者也，然考其年

---

① 郭荫超：云南镇南（今南华）人，清举人郭燮熙之子，高师毕业生，著有《明三保太监郑和事略考》。

代，皆在郑和之后。宜梁任公特著录之，以扬国辉于天壤；至李总长印泉复考定为镇南人，必有明证。当明之初，镇南前、左二所实隶楚雄卫。二君之言非两歧也。若小子所揭成祖心事，知言者当自得之。

李根源诗文

李根源

滇西兵要界务图注·甲九号

上接大石铺。

石人坡。三户。上遗石人一躯，南诏时物，因以名坡。

吕合。古名阁关滩。蒙氏设县。距楚雄府城六十里。住民百五六十户，客栈五家，能宿千人。马栈七家，容马千匹。附近村落殷实。宿营于此，给养饮水均便。由楚雄府城至此，为一正站。又由吕合至大冲，中间一带地形适于阵地。但多松林，妨碍射击。路北有周家冲太乙村。

石鼓村。二十余户。山间有石鼓一具，南诏时遗物。蒙氏石鼓县故址也。

高峰哨。五户。路北有黄泥沟、长坡哨、上水村。路南有鸡冠坝、下水村等。

马房角、大冲、松山哨。路北有马房、上东山、大秋树、民村头、麻栗坝、金珠河、斗角(阁)山、黄家山、海子上山)。路南有张河(和)屯、土城。江南有山角底、塔祖、阳道屯等。

镇南州。城周三里，四门。古鸡合(和)城，土城也。万历间巡按毛堪筑砖城。与楚雄、定远、姚州、景东、赵州、云南县连界。距吕合街三十里。城内外六百余户。人马栈八九家，能容一协人住宿。城之附近，村落棋布，所有贮蓄较城中稍富。由楚雄府至此九十里，道路半浮泥，雨天行军异常困难。鹅赶产铁矿。明三保太监郑和，州人也。

大坝屯。五户。路南有黄家营、城角新村、大河边。

陆家屯。七户。

青石嘴。十余户。

灵官庙。十余户。距城五里。明彭戴信建，规模宏大，香火甚盛。路北有黑马邑、李子湾。河南有康家坡、大茶树、下后屯、耿家坡、上后屯等。下通沙桥。

郭沫若诗文

郭沫若[1]

天子庙坡

海拔二千六百有余米，
驱车直上天子庙之坡；
坡头旧有天子庙，
不知所祀天子为伊何？

或言疑是晚明永历帝，
窜缅于此曾经过；
后经缅人逮解清杀戮，
明室从此无余波。

百姓子民何所爱？
祀之为纪汉山河；
惩彼卖国求荣者，
临危惯倒前途戈。

呜呼！往事而今俱往矣，
遥望台澎金马激愤多；
殃民祸国及草木，
蒋陈余孳罪难磨。

滇西林木遭破坏，

① 郭沫若（1892—1978年），四川省乐山市人。新文化运动奠基人之一、著名诗人、杰出作家、戏剧家、马克思主义历史学家和古文字学家。1961年9月，时任全国人大常委会副委员长的郭沫若远涉重洋，对印尼、缅甸进行友好访问，归国时顺道乘车视察滇西，途经海拔2600米的南华县天子庙坡，对此地旧有天子庙，相传明朝桂王朱由榔（永历帝，年号永历）逃缅被逮解回国途中露宿此地，后人以此建庙祀之，"天子庙坡"由此得名。宿楚雄，写下32行《天子庙坡》长诗一首抒怀。

山童濯濯无余柯；
至今认贼作父不知耻，
竟将祖国疆土奉美魔。

远离魔境一万一千余公里，
寇舰来集密于蝌；
金马台澎弟兄姊妹八百万，
水深火热如蚁之在锅。

前有郑成功，
挥剑驱除荷；
后有简大狮，
宁死不臣倭。

时势大好莫蹉跎，
奋起光复扬凯歌；
扫荡腥膻还祖国，
五星红旗插上阳明山之阿！

夫妻树(二首)

李成生①

百年相携步芳丛，惊叹自然造化工。
弥爱经霜如雪洁，真情淬火若樱彤。
夫唱妇随蹈苦海，母趋儿恋赴峥嵘。
世人皆慕草木状，岂明天讽炎凉风。

访琴师

廿秋山色数染霜，深林楸木等闲看。
相得一棵知音树，造就十匣解愁箱。
雕龙刻凤有茧手，拨弦把品无俗响。
但凭嘉音传名姓，天降奇人林间藏。

① 李成生：彝族，笔名李玥，彝名俄聂拉颇。高级记者，中国作家协会会员，文化学者。出版文学、文化类著作21部300余万字。

咪依噜采风(三首)

张承德[①]

集体采风去,岔河落店家。
下车双十叟,迎客几枝花。
席上青头菌,杯斟白木瓜。
开心诗也醉,起兴意无涯。

岔河游之一

休闲何处去,携眷岔河游。
投店咪依噜,休闲小竹楼。
茶烹三道水,酒饮二锅头。
来品彝家味,风情一笔收。

岔河游之二

不拘老迈自奔忙,又到彝家探秘藏。
水果盈枝犹可喜,牛头挂屋费思量。
搂肩搭脖夫妻树,说爱谈情表妹房。
故事都由人创造,静听长者叙端详。

---

① 张承德:云南南华人,云南省书法家协会会员,南华县书法家协会原主席,南华县老体协书画诗词学会原会长,《夕阳心声》主编。

龙川吟

张兆钫

西南丝道此径行，古镇龙川素有名。
鹦鹉画屏风景美，岔河彝俗著民情。
宝珠古刹添新彩，见性清波库水莹。
两路绕城连九府，敞开市场聚群英。

李文臻诗词选

李文臻[①]

再说镇南古城

漫说古城何所奇？人文深厚誉滇西。
亚魁舫秀驰三迤，老树梅花郭燮熙。
革命先锋争第一，郑和故里世知稀。
彩云抱月徐时雨，烈士张舫是先驱。
遗迹人文今尚在，弘扬光大可成诗。

南华城中村改造

冬至回乡难辨识，兴工动土自城西。
虽然改造资金大，正是国家帮扶时。

徐久野
（2005.4.4）

南州胜境寄情深，久野草堂怀故人。
画界仰瞻称圣手，勤栽桃李树如云。

夏育荷
（2005.4.4）

沙桥镇里出莲溪，书法如人清秀奇。
谁说南州文化少，郭梅夏字誉当时。

---

① 李文臻：1961年毕业于省立镇南师范学校（现云南楚雄师范学校），曾任南华县志办公室主任、主编，云南地方志学会理事，昆明金碧诗社会员。著有散文集《萍踪琐记》和诗词集《陋室诗草》等。

郭燮熙

(2005.3.7)

宦途蹇阻几沉浮，寄兴梅花遣积郁。
光复三篇称信史，四修县志默耕锄。
万枝映日傲霜雪，千树烘云成壮图。
有道先生真有道，穷居老屋寂也无？

潘毓英

(2005.3.7)

英雄大半出清贫，从武恰逢战事频。
血染征衣潘九子，援黔护国建殊勋。

张久峰

(2005.4.4)

百龄堂上救黎民，兼爱书丹各体行。
术可回天当济世，久峰德艺技三馨。

杞彩顺

(2005.2.28)

烽火揭竿秀水塘，应援天国誓图强。
身经百战战功著，驰骋哀牢美名扬。

夏正寅

(2005.2.28)

投笔从戎助义军，哀牢处处举红缨。
每怀英烈彻心痛，遂著彝雄传美名。

张祖荫

(2005.3.3)

仕途多蹇因刚直，从政清廉多美评。
和寡曲高遭陷害，官场不与好人亲。

钱泰丰

(2005.2.25)

革命先锋钱泰丰，腾越起义首开枪。
震惊全国再重九，乘胜进军取永昌。

王树云

(2005.2.26)

民族英雄匾正悬，他乡流落已经年。
姑娘国事勤关注，才使树云事迹传。

潘尔伯

(2005.3.2)

学就优材讲武堂，中条抗日志顽强。
数解重围临险境，捐躯恨未救忠良。

张舫

(2005.3.1)

投身革命正英年，黄埔志同好聚贤。
霹雳一声三迤震，光辉留在彩云南。

修圆

(2005.3.7)

土城村里出修圆，重建华亭靠化缘。
筇竹寺藏经典富，江南说法指也燃。
众僧救护抗倭寇，智帮同志度危难。
倡修两路连滇缅，错在胜因今洗冤。

刘尧汉

(2005.3.14)

山乡走出妙龄女，彝族迎来文化兴。
追溯源头宇宙大，究研历史坐标新。
丛书奠定三基石，十月情牵学者心。
成就辉煌须毅力，功名与我似浮云。

岔河彝韵之一

郭光明[1]

长谷清幽幻梦霞，赏心悦目岔河花。
丝绸古道通商路，山寨彝风阜物华。
沟壑丛林葱郁绿，菁坡硕果味甜佳。
月琴左脚常欢舞，垛木院房美众家。

岔河彝韵之二

李正宇[2]

秘隧通幽启锦窗，彝人垛木倚梁岗。
牛头挂屋炫人目，土主护村罢戟锽。
搭臂搂肩鸾凤树，谈情说爱小姑房。
水车水碓嬉神水，盛世桃源独一方。

① 郭光明：云南省楚雄州老年书画诗词协会会员。
② 李正宇：云南省楚雄州老年书画诗词协会原会长，《楚老翰墨》编委会原主任、主编。

岔河彝韵之三

常华兴[①]

怀抱翠竹眼望松，风流占尽马缨花。
丝绸古道通商路，山寨彝风阜物华。
幽谷长唤咪依噜，奇洞三称彝子雄。
弦子轻弹花蝉韵，胡琴妙赞凤凰钟。
若得琼玉临凡境，长袖同舒舞彩虹。

岔河咪依噜风情谷

刘锡海[②]

民风淳厚满彝乡，水秀山青生态良。
古老神奇夫妇树，温馨浪漫姑娘房。
厨烹野菌杀猪菜，炉烤山鸡土骗羊。
靓女欢歌敬美酒，三杯下肚舞姿狂。

① 常华兴：云南省楚雄州老年书画诗词协会会员。
② 刘锡海：云南南华人，南华县老体协书画诗词学会会长。

天净沙·咏岔河(二首)

刘锡海

青峰古树铁塔，河流田野鸣蛙，水轮风车壁画。马鞍山下，彝村处处飞花。

丫口村夫妻树

老翁老妪心相连，一世一生把手牵。
孝子孝孙前后立，和谐和睦千百年。

马鞍山下好风光

朱正蜀①

马鞍山下好风光，岔河景色美名扬。
中外游客纷纷至，彝家米酒慢慢尝。

① 朱正蜀：云南南华人，南华县老体协书画诗词学会会员。

镇南古城怀古

张承德

从来志士最风流，争得和平说自由。
革命先锋惊北阙，彝民起义震南州。
谁行二万五千里，孰报八年万恶仇。
倘有一支司马笔，老翁也学写春秋。

游土城湿地公园

两老夫妻慢步摇，公园美境画堪描。
三分陆地七分水，一座长堤五座桥。
绿柳舞风春复夏，白鸥戏水往来漂。
迤西九府通衢地，赢得观光人似潮。

学会采风两旗海

欢声笑语上公园，老妪老翁肩并肩。
传达精神同竖耳，采风效应已成篇。
魏书斋悟名家字，华义坊开长寿筵。
舍得荤腥多吃素，三高与我不相干。

瞻仰张舫烈士铜像

人杰地灵龙脉通，南州自古出英雄。
反清志士铮铮骨，报国书生烈烈风。
北上读书尊马列，南归革命领工农。
昆明就义仰天笑，留得金身万代崇。

南华灵官桥

刘锡海

古丝南路过龙川，万历虹飞四百年。
曾送红军抗日去，又迎勇士远征还。
车轮滚滚舒筋骨，洪浪滔滔洗面颜。
劳苦功高该保护，身居二线不思闲。

南华大中山

千峰耸翠入云端，礼舍江流富水源。
立体温差小气候，珍稀物种大观园。
幽深怪异仙人洞，美丽神奇打雀山。
候鸟南飞朝凤去，安全顺畅过雄关。

南华菌王山

营盘倒影映江心，七彩蘑菇耸翠林。
马路连通三道岭，羊肠绕上九霄云。
千花烂漫迎人笑，百鸟欢欣对水吟。
夏暑秋凉何处去？登山采菌爽精神。

野生菌王国——南华

刘启明[①]

气候适宜生态良，野生菌子遍梁冈。
鸡枞松露堪珍品，木耳香菇俏市场。
商贾芸芸常惠顾，县城处处竞飘香。
青山有意多回赠，创汇增收富老乡。

西江月·世界野生菌王国南华

李恒生[②]

捧出一壶醇酿，端来几碗红烧。
鲜菇火腿做佳肴，点缀舌尖味道。
五友六亲小聚，三杯两盏通宵。
人生得意尽逍遥，最是南华美好。

---

① 刘启明：云南南华人，南华县老体协书画诗词学会会员。

② 李恒生：字莫寻，号青莲，彝族，青年诗词家、诗词评论家，两栖诗人。中华诗词学会会员，楚雄州诗词学会会长，青莲诗社社长。现居云南省楚雄市。曾在《中华诗词》《诗刊·诗词》《中华辞赋》《星星》《诗选刊》《诗潮》《滇池》等全国各地刊物发表千余篇作品。获首届刘征青年诗人奖以及全国各地诗词比赛各种奖项200多项。

鹧鸪天·世界野生菌王国南华

李相陈[①]

福地钟灵菌自多，畅销海外片干蘑。
经营建库屯精品，文化宣传唱赞歌。
翻夏草，踏秋坡，乡民笑语满筐箩。
龙头产业无公害，赚取欧元生意和。

世界野生菌王国南华

蒋厚雄[②]

龙川源起在南华，山上鲜菇遍地涯。
福地鸡枞镶绿野，仙乡珍宝映青霞。
经营冷库存年好，打造商圈赞誉嘉。
父老含情寻异物，丰盈财税众人夸。

① 李相陈：男，汉族，楚雄州诗词学会副会长。两栖诗人，有诗词、诗歌、楹联、散文、小说、评论发表于各级刊物。

② 蒋厚雄：笔名轿子山人，云南禄劝人。系中华诗词学会会员，中国楹联学会会员，云南省诗词学会理事，云南省南社研究会常务理事，楚雄州作家协会会员。《华中文学》编委，《云南诗词》网刊编辑。云南省青莲诗社常务副社长兼编审，云南省楚雄州诗词学会副会长，《楚雄诗词》副主编。福建省鳌江书院诗社副主编。其作品多次入选各种文艺书刊并获奖。

赞野生菌王国南华

高子明[①]

滇中南华菌称王，山野松林四溢香。
彝地天然秋夏暖，美名不赞自流芳。

南华菌香

付丽萍[②]

踏入龙川境，蘑菇遍地香。
天然灵气蕴，日月物华藏。
山野独鲜味，湖泽亦有光。
隐居尘世外，不语自芬芳。

① 高子明：网名大龙，彝族，大姚龙街人。楚雄州诗词学会会员，现供职于大姚县税务局。

② 付丽萍：女，汉族，中共党员，大姚一中教师，大姚县作家协会副秘书长，楚雄州作协会员，楚雄州诗词学会理事，云南省诗词学会会员。有诗歌、散文、小说在县级、州级、省级媒体发表。

野生菌王国南华

陈文宏

满林湿热菌王窝，四溢清香品目多。
爱慕客商驱万里，未思何以慰心波。

世界野生菌王国南华

席学江①

菌香味美走天涯，健体山珍世界夸。
师范咪噜声誉好，老区雨露幸福花。
哀牢峻岭风光丽，遍地情歌醉晚霞。
高速铁龙穿绿海，城村兴惠万千家。

① 席学江：退休中学数学特级教师，楚雄师院附中原副校长。“数学分析法”志愿填报创始人，国家认证注册高考志愿高级规划师、咨询师。中国数学学会会员，中国音乐文学学会会员，云南省音乐家协会会员，楚雄州作家协会会员，楚雄州诗词学会会员。

咏野生菌王国南华

温希龙[1]

绿水青山好地方，蘑菇旺长味鲜香。
乡民勤采变财富，野菌王国福乐康。

题南华野生菌

非　燕[2]

梅雨霏霏方出彩，青峰处处伞初开。
愿帮俗世撑烟火，不惜金躯赴案台。

---

① 温希龙：男，汉族，云南牟定县人，中共党员，大专文化，楚雄州诗词学会会员。累计创作诗词千余首，在省内外网刊平台发表400余首，并在全国征文比赛中多次获奖。

② 非燕：女，彝族，云南牟定人，云南省作家协会会员。作品散见于《文艺报》《云南日报》《民族时报》《金沙江文艺》《楚雄日报》等。出版个人诗集《飞花盈袖》。诗歌曾入选《中国彝族当代诗歌大系》《当代彝族女性诗歌选》。现供职于楚雄州生态环境局牟定分局。

赞世界菌乡——南华

由建新[①]

世界菌乡天下扬，珍餐美味岭山藏。
每逢秋夏菇汤美，千里游朋醉品尝。

赞南华野生菌之乡

朱明贵[②]

我赞南华野菌乡，奇珍异宝美名扬。
繁多品类招人目，绝味鲜香引客尝。
虎掌牛肝多爆炒，鸡枞羊肚好清汤。
青山已作金山傍，云岭当成银岭煌。

① 由建新：男，汉族，现年69岁，中共党员，姚安人。从事教育工作38年。姚安老年词诗书画协会会员、楚雄州诗词学会会员。

② 朱明贵：楚雄州诗词学会会员。

游南华

张自莲[1]

野外蘑菇四溢香，八方游客嗅芬芳。
初来威楚观彝绣，细品山珍美誉扬。

咏南华

马文俊[2]

鹦鹉山中雀鸟多，鸡枞野菌满山坡。
咪依噜谷风情异，毛板桥区景色和。
红土核桃香喷喷，五街萝卜胖呵呵。
彩云之处三弦响，九府通衢奏凯歌。

① 张自莲：曾用名张馨月，笔名木高阿朵，女，彝族，本科学历，中共党员，云南武定人，中国散文家协会会员，云南省楚雄州诗歌学会理事，楚雄州作家协会会员，武定县诗词学会会长。作品散见于《百家湖杂志》《边疆文学》《云南日报》《金沙江文艺》《彝族文学报》《楚雄日报》《楚雄晚刊》《龙乡文艺》《山茶花》《元谋文艺》《狮子山》。

② 马文俊：男，1963 年 11 月生于云南楚雄，毕业于云南师范大学中文系。楚雄技师学院高级讲师，楚雄州诗词学会会员。当过中学教师、中专学校教师、校刊责任编辑。作词作曲的《共创美好明天》获云南省教育厅组“三生教育”作词作曲比赛二等奖。诗集《飘飞的思绪》由当代作家出版社出版。

赞野生菌王国南华

王秀安[1]

鸡枞味美自芬芳，各种游人抵品尝。
满箐蘑菇随意捡，松茸待客也平常。

咏野生菌王国南华

王恩顺[2]

绿水青山菌类繁，舌尖文化绣芬芳。
茸菇采撷低声语，唯恐言惊树上鸽。

① 王秀安：男，汉族，姚安县人，生于1957年5月，大专学历，中学副高教师。楚雄州诗词学会会员，有诗词在内刊上发表。

② 王恩顺：男，汉族，1963年11月生，中共党员，本科学历，高级讲师，楚雄技师学院退休教师，楚雄州诗词学会会员。曾在《塞北文学》《今日头条》《云南粮食》《云南教育》《中国商科教育》等报刊发表散文、论文。

南华赞歌

唐星旭[①]

满城塑画菌菇装，夜朗灯辉殊彩煌。
年售山珍无计数，荣称南华野菌乡。

咏世界野生菌王国南华

偰　彪[②]

天下蘑菇何处尊？南华菌子冠压群。
鲜香堪比神仙炙，营养犹同龙凤飧。
梅雨霏霏滋沃野，松林漫漫毓天珍。
五洲四海商家至，彝舞欢歌共富村。

---

① 唐星旭：男，汉族，网名旭阳，武定县诗词学会理事，楚雄州诗词学会会员。
② 偰彪：男，回族，姚安人，楚雄州诗词学会会员，诗词痴迷者，网名一蓑烟雨，甘居陋室吟风月，呕得星光照白头。

咏南华

许克家[①]

镇南自古是名邦，九府通衢美誉扬。
天宝物华形胜地，平川沃土米粮乡。
松茸野菌香欧美，柑橘核桃亮沪杭。
趁借东风强劲力，彝乡看好一琳琅。

咏野生菌之乡

陈光明[②]

自古南华野菌香，于今林木更芬芳。
珍馐至味城乡有，四海宾朋美誉扬。

① 许克家：男，汉族，姚安县人。中共党员，退休会计师。省州县书法家协会会员，县老年诗词书画协会会员，楚雄州诗词学会会员。诗词楹联作品发表在国家和省州有关报刊上。

② 陈光明：男，姚安人，中共党员。退休于县人大，县书法家协会、县老年诗词书画协会、楚雄州诗词学会会员。著《骋怀诗草》，有诗词在《荷城文艺》《姚安人》杂志刊发。

思南华

陈文宏①

雾霭林间生地珍，天然馈赠尽施恩。
勤家儿女巧烹艺，菌子香飘天下闻。

咏野生菌王国南华

李寿洪②

迤西道上一明珠，古郡迷人似帝都。
鹦鹉山中鸣翠柳，板桥水畔戏仙凫。
响雷惯带急风雨，沃土常生香菌菇。
君若有朝行到此，咪依谷里忘归途。

---

① 陈文宏：男，大专文化，汉族，中共党员，在武定县人力资源和社会保障局工作，武定县诗词学会会员，楚雄州诗词学会会员。

② 李寿洪：笔名“寄庐山人”，男，彝族，中共党员，元谋县清和中学语文高级教师，元谋县作家协会会员，楚雄州诗词学会会员，云南省诗词学会会员。有诗歌、散文作品在县级、州级报刊发表。

咏　菌

李世德[①]

松茸味美世难名，野岭幽林伞乱撑。
最爱云舒霞卷处，肥田丰邑岂能生！

南华等你来

任兆平[②]

南华野菌满山坡，内外传扬食客多。
观景采菇游赏乐，山珍美味煮铜锅。

① 李世德：男，云南省书法家协会会员，楚雄师范学院兼职教授，楚雄州书法家协会理事，楚雄州诗词学会理事，元谋县元马中学语文高级教师。

② 任兆平：笔名欣然，中共党员，退休教师，姚安县作家协会会员，楚雄州作家协会会员，楚雄州诗词学会会员，有诗歌、散文、教学论文等作品散见于县级、州级、省级刊物。

咏镇南古城

杨乔槐[①]

欠舍鸡和百濮州，通连九府史悠悠。
山川毓秀成名邑，人气祯祥聚大舟。
商旅频来生意旺，军民暂住景光优。
滇中形胜古风在，拓展于今更劲遒。

南华五街萝卜

淳　辉

白嫩圆匀似玉脂，身疏条实外柔慈。
生吞一口化风署，腌脆依然解食糜。

① 杨乔槐：男，中共楚雄州委党校退休高级讲师。中华诗词学会会员；云南省诗词学会理事；楚雄州老年书画诗词协会原常务副会长兼秘书长，现为顾问；楚雄州作协诗词学会会员。创作诗词千余首、诗评诗论文章30余篇；公开出版诗文集《彝州赋》《北窗诗文》两部。

咏南华凤山湖

李培智[①]

清波潋滟映苍穹，远岫氤氲瑞霭彤。
岸柳扶风惊紫燕，三绝寻味梦回萦。

冬游南华咪依噜风情谷彝人小镇

施雅鑫[②]

谁道冬来叶落空？彝山千里绿还浓。
闲来把盏红尘外，细品山珍小寨中。

① 李培智：男，63岁，彝族，中共党员。武定县高桥镇中心小学退休教师。云南省老干部诗词学会会员，昆明市老干部诗词协会会员，禄劝县诗词楹联学会会员，楚雄州诗词学会会员，武定县诗词学会会员。

② 施雅鑫：楚雄州诗词学会会员。

南华赋

李天永

彝州南华，牧高天之厚土，培野菌之翘楚。滇地脊柱，据姚安之屏障，锁威楚之关梁。循四山而环二水，融长路且知菌味。远出汉唐，始称邱州；蒙化纷争，俗富设郡。元跨革囊，欠舍有川；复改镇南，威镇南疆。道路畅兮博物馆，野菌香兮世称王。

嗟我南华，历史悠悠。丝绸故道，连贯古今。先民濮罗，播地生息。开奔勒笃，六祖古歌。唐使袁滋，过欠舍川，千人列队，篚食壶浆。大明洪武，西平镇边，生俘万人，获象二七。明坊嘉瑞，亚魁名扬。古迹三关，威武镇南。英武雄奇，阿雄险要；扼居南北，州邑屏障。升庵吟留垂柳篇，滇缅公路遗踪迹。南明永历朱由榔，天子雄岭空遗庙。城环八景，自然天成。象岭织绮，鹦鹉崔嵬；水河啼鸟，桂树双荣。城式如船，登高楼而远眺。月映虹山，出彩焕而天章。青林满阁，金鸡鸣而州邑兴。盘龙长曲，苴水吟而鱼米乡。柳漾晴辉，瑞应桥坚。文昌有宫，广福成寺。梁思成兮建筑史，林徽因兮妙笔挥。理学以寰宇为名，科第以陈刘为先；文学推魏许张陈，丝竹以月琴为尊。雅音绝响，蜚声海外。墨画郭梅，夏字魁首，翰墨暗香，风骨铮永。巍巍镇师，文运流芳，读书救国，势造英雄。蜀身毒道，滇西锁钥，交通迤西，九府通衢。大秋有树，诸葛演兵。鸡和车马半滇云，印泉题碑郑公乡。

嗟我南华，林麓四周。至若当代，璀璨芳华。岔河彝韵，菌王耸翠。凤山湖畔，味品三绝。灵辉雨露，五丛灯会。松茸之乡，百菌一园。罗鲁奇村，彝风之最：春挖洋芋，夏拾野菌，秋打核桃，冬拔萝卜。龙川有英奇才出，红星闪耀照中国。乌金成于三叠纪，陈氏土司六百年。南山赓续基因红，黑泥温泉竞自浴。龙潭山脉，罗贡士家，青棚有调，柑橘留香。打卦山高，南华之顶，秋江叠嶂，梳头险岩。上下落宝，凤羽松露，腊鹅飘香，回民风味。凤羽富有石膏矿，正寅书谱哀牢鹰。百鸟朝凤，法空大洞。山川文字刘尧汉，哀牢彝雄自此出。石罅洞天，云锁澄潭，月下半坡兔乐之，古茶千年品香茗。

六镇四乡，皆产野菌。天孕地长，雾涵雨沐。菌肥苞嫩，清香甜美。菌香绵绵，触动味蕾。舌尖盛宴，奢雅共享。云菌品牌，松茸独尊。山川清秀，物贸流通。行若弦线送远音，野菌俊颜传世界。

嗟我南华，滇中翡翠，华美地方。或路网织锦，或梦想乐土。迢迢扶贫沧桑变，乡风景象致小康。野菌之名列榜首，饮食之要菌王巢。滇洱驿道，滇缅公路，公路铁路，皆一高速。琴弦已动，合声正齐。红日升兮路远方，催人行兮起乐章。

癸卯芒种赋于南华

原载于 2023 年 7 月 27 日《民族时报・山茶花》

岔河赋

杨乔槐

南华名村岔河，北与牟、姚交合。青山溪流环绕，彝寨绿树婆娑。昙昔西夷古道，迤西北上锁钥。军旅商贾经此，盐茶马帮时过。悠悠千载岁月，人流物流颇多。始自南永公路竣通，路面拓而见阔。而今通衢大道，车辆频繁穿梭。岔河彝寨居此，交通风景显卓。县委、县政府审时度势，决定打造3A旅游景区，遂有“咪依噜风情谷”。乡村旅游发展，竟然如荼似火。

“咪依噜”故事，源于昙华彝人部落。古时山官贪鄙，强征民女淫乐。为救苦难姐妹，圣女捐躯除恶。情郎血染马缨，彝民传颂不辍。千里彝山，处处马缨盛开；圣女精神，民间代代传说。路边壁画，展示昙华故事；岔河谷地，风情演绎时尚。

“咪依噜风情”，亦即彝家风情。此地民风古朴，贯注生产生活。视其环境，村寨散居山谷；稻菽遍于梯田，桃李艳于山坡。观其建筑，瓦舍、土掌错落；更有垛木房、姑娘房，独特神秘，意蕴谐和。佳客之来也，寨门吹响欢快号角。栏门酒，羊角杯；左脚舞，迎宾歌。好客彝人情如火，邀您畅游“农家乐”。

“农家乐”，内涵多，彝人文化满院落：耕田图、织麻图、狩猎图，彝民自古勤劳作；天上鸟、山中兽、林间花，人与自然共祥和。山泉泡茶清心饮，彝家小调悦耳窝。松毛清香摆宴席，山珍百菌俱陈罗。祝酒词、劝酒歌，小灶酒醇客着魔。斗质之量开怀饮，人世难得此间乐！

岔河风情，传于远近；游客向往，不厌奔波。国内游客，难以胜数；国外游客，渐来渐多。国家要人光临，海外游子踏歌。又有影视拍摄，五洲四海传播。岔河发展效益日趋显著，展望未来，又见扬帆奋舸。

哀牢赋

王文书[①]

洪荒之初，盘古肇造，哀牢何在，一片汪洋。地极而南溟之深，天柱高而北辰远。数亿年寒暑，提斯来奔而昆仑雄立，沧海退竭而哀牢出世。首枕苍洱，身卧五州，绵延千里。界云贵横断之区，分沅江阿墨之流。九峰耸立，上出重霄，河水萦带，万壑争流，朝晖夕阴，气象万千。中山湿性绿衣披其上，伯乐银杏衬其腰。足履芳草，手挥停云。冬无严寒，夏无酷暑。天气常如二三月，山花不断四时春。更是秋山有来鸟，深夜齐上凤凰坟。山川奇气，待乎先民，于是遂古蒙昧，母氏沙壶，依山下居，捕鱼而食，触沈木而有娠，遂生十子，木幻化而成龙，始聚为家，元隆天贵而长，十女相配为妻，此乃哀牢苗裔之传焉，事载华阳之志，口传乡民之中。永昌故郡，保城之西，千里同名，九隆之说，如出一辙，学者纷论，莫衷一是，古国之谜，更添悬想，此不逅言。自宣王而后，事有史籍，阿育神骏向东来，庄蹻开滇威定楚，汉武有郭卫之征，东汉有柳貌内属，三国有诸葛南巡，唐标铁柱，宋挥玉斧，元跨革囊，明清改土，终归融合，往事越千年。日出东方，其道大光，千里哀牢，换了人间。埋谷堑山通四境，声光电化播文明。五十年自治，无论土官流官，皆为苍生谋福祉；三十年改革，小康更上层楼，民披弦歌颂乐利。千载风物今不改，清溪几度开君怀。鸡鸣雾中，犬吠天上，别有天地非人间；金鸟翔关，茶马古道，思入幽情起徘徊；九天湿地，云海梯田，物外日月本不忙；虎笙赛祖，毡帽踏歌，梦回查姆创世境。试登高把酒，临风而立，必当诗境满怀，狂歌不已。

哀牢山人养云斋撰
癸巳年(公元 2013 年)秋八月于鹿城

---

① 王文书：男，汉族，南华县马街镇人，生于 1966 年 8 月，大专学历，长期从事国民经济综合和中长期发展规划，现任楚雄州发展改革委二级调研员。

兔乐之古茶赋(并序)

曹晓宏[①]

尝闻姚江陈元初牧镇南,竟有地偏风陋,藐焉无足纪述之妄语云尔,此言差矣。其宁知吾土虽偏,自是地灵人杰,而产类典章,亦应俯仰而可拾也。嗟呼!惟我中华,照应星辰;虽称旧国,厥命惟新。其理地固分遐迩,运会纵有盛衰,而人民一起,陋云乎哉?若兹兔街,即彝语之谓"兔乐之"者,乃滇中之秘境、镇南之边地也。其位于治县西南,坐哀牢之南路;东依威楚西舍,西接南涧弥渡;南会景东之云雾,中凝五县之热土。凛凛群峰,盈盈一水;民族相亲,人文荟萃。我觉其间,雄深雅健,尤以四千株古茶树,谓之上天之嘉赐,前人之福被者可也。嗟呼!稽兔山之有茗,自汉代即为贡;适元蒙之南下,考彝人已手种。今之时也,三家村外,能睹七百岁树王之形;白草山间,犹闻千余载马帮之声。五尺道岸,生民有仪;风雨桥下,歌舞相宜。山河长在,日月常新;复兴之路,又起征尘。民意党心,系于一山一水;天时地利,关乎万户千扉。举凡人情世态、冷暖风尘、泥土心事、古道乡愁,莫不可寄之清茗流泉,洗耳洗心也。余向无观风问俗之才识,然此地球之日,恰逢癸卯上巳,盖闻古有王羲之之雅言,今有兔乐之之雅聚,立于高山,思接今古,开襟眺眼,拈韵徘徊,又岂能不琢之磨之、歌之咏之耶?其辞曰:

望群山之奔来兮,惊飞珠而溅玉;引南诏之风雪兮,得中土之骊珠。迎飘花之点点兮,越芳树之重重;喜婆娑之生意兮,披摇曳之清风。醉玉树之腰肢兮,亲起伏之眉黛;赏绿叶之参差兮,识乳燕之往来。若夫江山怀抱,欢声蓑笠,可思可见,天边眼前,云停古道之外,人在羊肠之中;流韵直通唐宋,新思能启童蒙。

追时贤以成侣兮,跃葱茏而疾行;叹碧玉之如嶂兮,欣乔木之罗生。沐东风之浩浩兮,浴曲水之泠泠;闻山鸠之鸣树兮,奏穆穆之华声。寻鼓锣与筒号兮,辨阿卡与抬菜;观茶女之劳作兮,步款款而萦回。叹清歌之婉转兮,喜画眉之入时;兴管弦与翰墨兮,道斯文之在兹。

嗟呼!古树龙芽,缘玉兔以乐之;古道衣冠,似绰约而有姿。至若绿茶红茶乌龙之茶,自是因人而成趣;烘青炒青磨锅之制,何须穷巧而极工。嗟呼!鸿渐于陆,其羽可仪;玉川走笔,使我来思。咏南国之嘉树兮,不枉千年;念野圹之孤洁兮,性乃无迁。诵悠悠之子衿兮,莫问芳华;阅老树之风霜兮,愧说生涯。

嗟呼!泉之甘者,惟以源活;茗之贵者,非显于阔。池冰寒煮,托意犹深;肌骨可捻,难夺其真。嗟呼!茶之条理,一如人之气色,以青以白,以纯以朴而已,又岂为沾沾乎欲养口腹者可以

① 曹晓宏:男,汉族,1964年8月生,云南石林县人。著名学者、中国语言文学二级教授,全国教育系统劳动模范、全国模范教师,云南省劳动模范、云岭先锋优秀共产党员、云南省教书育人楷模、云南省教授副教授评审委员会委员、云南省高层次人才、云南省语言学会副会长、滇中国学院院长、楚雄师范学院地方民族文化研究院院长、楚雄州文联兼职副主席、云南现代职业技术学院特聘专家。

道哉？

乱曰：上巳多和气，天南又日新。青山知节义，玉树喜生民。蟹脚缠双壁，龙团醉一春。驱车上九野，走马乐风尘。哀牢多毓秀，无量有灵光。涧底萦迷雾，峰头冷碎霜。方圆凭俯仰，次第任翁张。故友林间坐，风涛韵味长。

癸卯上巳赋于南华兔街

大秋树村赋

张万礼[①]

志载“诸葛营：州治东二里，昔武侯南征，屯师于上，今址尚存”。史志文物凿凿实证：今大秋树即古诸葛营。遥想当年军营：戒备威严森森，旌旗随风猎猎，干戈寒光闪闪，鼓号响遏行云。坊间传，村有楸树，拔地倚天，树壮如虹，心空若隧，敷药葳蕤，蔽日干云，落英飘飘，觐翔鸾之裔裔，听鸣凤之咆咆，巨莽安居悠悠，邻处桂井水甘。村民遂认：此乃灵毓之兆，年节祭祀，大秋树渐为村名。长征留下动人故事，上纪庚寅和平解放，自此村民当家做主；前元戊午宏猷舒展，窘迫逍遁，开启殷实。砥砺逾一千八百年沧桑，至今而繁荣。迈步新时代，物阜民丰蒸蒸日上，小康光景安然美满。如此善政盛世，溯稽亘古千秋安得曾现？环视天下，寰球万国焉能企及？国恩深重如山、浩荡似海，吾等定当永怀知恩图报之心，常铸精忠报国之志，陶冶忧乐天下之情，纵临海枯石烂地老天荒，亦应铭刻心房，寸草衔结，思报洪恩，切勿淡忘！

国施眷注黎民、泽惠布衣、宜居拓业之举。苍穹无垠，天行健键，天道酬勤，定道法天理，应天沿势，自强不息；山海浩瀚，地势柔坤，地道蕴德，当循效地舆，顺地宜时，厚德载物；时代璀璨，世道臻善，人道崇良，须恪守忠孝，报国孝老，懿邵维桑。

殷殷村民：做崇德向善，以身立范之人；怀是非清彻，善恶分明之心；守水火无交，暗室无欺之节；修刚柔相济，宠辱不惊之性；持忠孝仁爱，勤勉节俭之家；渡知常达变，开物成务之时；秉言定诚信，行必忠正之品；修心如止水，淡泊宁静之养；践休戚与共，守望相助之行；扬有情有义，任劳任怨之尚；展严于律己，宽以待人之量；仗扶危济困，助残悯弱之义；立守身如玉，令行禁止之范；成见贤思齐、择善而从之风。

拳拳梓里：天地与万物同怡，自然与苍生相宜，膳究益身养心健康，衣考舒逸得体端庄，宅图风馨水润安然，行则以车代步出入捷安。传承武侯神魂，弘扬诸葛文化，产业强村殷户，簧堂兴后昆茁壮，稚园韧苗裔愉长，文韵厚重人酣畅，民风淳淳行德善，福祉县县信满满，时光漫漫孝道亘传，良规矩尚恒扬，革故鼎新村兴业展，清风爽爽庶民安康，人丁兴旺黎门福满，梦圆可期前路朗朗。

嗟乎：东山苍苍，昭国恩之无量；龙川泱泱，示福泽之流长。

大秋树村民敬立邑人张万礼撰文
公元二〇二二年十月

---

① 张万礼：男，汉族，1957年8月生，云南南华人。历任南华县委副书记，禄丰县委副书记、副县长、县长，云南省楚雄州审计局党组书记、局长，楚雄州政协副主席等职。云南省楚雄州老年书画诗词协会会长，《楚老翰墨》编委会主任、主编。

民族团结

■八郡通衢　一路前行

八郡通衢——沙桥

【图说】 图为“八郡通衢”之称的沙桥。南华从汉代开始就是中原入滇、滇东滇中进入滇西的重要通道。《蛮书》有上载的“沙却”(沙桥)是这条通道上的重要关隘城镇。唐代云南地方民族政权南诏国建立以后,尤其重视与中原地区的沟通,交通要道上的南华是使臣、商贾、政要们经常通过的重镇,而且是战争中兵家必争之地。天宝战争中,南诏军与唐军对峙于西洱河,南华是唐军进入洱海地区的路径。云南滇洱古驿道的九关十铺,南华就占据一关五铺,即:遗存于今的英武关,州前铺、水盘铺、双树铺、苴力铺、天申堂铺。此道是古蜀身毒道的一部分,汉代以来史称“南丝绸之路”。这条古道一直沿用到明清时期,堆积着丰厚的历史文化层,每一个关隘都烙满了文明的足印。“九府通衢”呈现的不只是交通的发达和区位的优势,俨然就是一座道路的博物馆。在沙桥,你应当是一名旅者,与南来北往的人触摸路的况味,它反映的是沙桥的开放和包容,是一种人文的美。

【话说】 沙桥自南诏国至元朝,曾经是南华政治经济文化中心,享有“八郡通衢”美誉,素有

"滇中旱码头"之称。明清两代在此设驿、堡、铺、塘。民国末期为凤山镇。沙桥自古以来,道路较为发达,上溯至秦朝的千年"五尺道",直到今日的高速公路、铁路,是名副其实的"道路博物馆"。汉民族文化与当地世居民族文化互相融合,形成了独特的云南高原的"红土文化"。

据沙街调传承人高菊英、余华乾介绍,沙桥中心小镇(沙桥东街、西街、马路队)群众姓氏多,有余、夏、段、王、高、张、施、蔡、陆、苏、韩、殷、范、秦、周、方、严、甘、溪、龚、司、习、徐、肖、罗、欧阳、杨、李、齐、汪、何、代、侯、闻、朱、狄、赵、孙、仁、慕、马、吴、兰、樊、思、唐、石、伍、毛、刘、揣、孔、童、沈、郑、胡、包、黄等58个姓,占百家姓的一半多,让人叹为观止。云南当代文学研究会的一位专家曾经说过:"六十年代,他们曾在沙桥做过调查,沙桥是著名的侨乡。"因年代久远,笔者没有找到相关资料。但小镇如此多的姓氏,足以说明沙桥的人文历史非常丰富。

《南华县志》记述:南诏时,阁逻凤以兵伐东爨,于沙却,也就是沙桥,置俗富郡,东置石鼓县,镇南自此始有地名可考。按此推算,沙桥距今有千年历史。沙桥这座千年古镇,南诏王阁逻凤、袁滋、杨升庵、朱由榔、林则徐、李根源、贺龙、徐悲鸿、郭沫若、班禅额尔德尼·确吉坚赞大师、梅志等名人在此小憩打尖抑或宿营不足为奇。有一点非常清晰,这里是中原文化与各民族间文化大融合的一个典范。

【评说】 沙桥镇各族群众,来自五湖四海,同饮一江水(龙川江)。仅沙桥东街、西街、马路队,就有58个姓。在漫长的发展过程中,将婚礼文化、祭祀文化、服饰文化、水稻文化、农耕文化等融合在一起,形成了沙桥独具特色的地方文化现象。这里也是各民族间文化大融合、大团结的真实写照。

(南华县文联　李天永整理)

■百名博士古茶园

南华县文联组织作家深入百名博士古茶园采风

【图说】 莽莽哀牢山中，在南华县兔街半坡三家村，有一座与望天坡古茶园有关的标志性纪念碑，叫“百名博士古茶园”碑，建成于 2019 年 4 月 5 日。这座纪念碑由三家村罗氏家族五兄弟和李兴碧博士于 2018 年 5 月 1 日发起，国内外一百名博士参与，即在全球范围内招募一百名志同道合、志趣高雅、向善向上、能传播正能量，并在某一领域取得一定科研成果的优秀博士，认养三家村一百棵古茶树。旨在弘扬大爱无疆、勇于担当、甘于付出、正气诚信的博士文化和罗氏家风，激励彝家儿女勤学上进、人才辈出、心怀家国、放眼世界，为实现中国梦作出贡献。

纪念碑高十余米，设计的初衷和理念体现出五个不同层次。顶端是绿色的变形艺术字“百”，代表百名博士。下面是一个三棱体，表示这里是三州三乡交汇的一个地方，也代表早期的罗氏三兄弟和三家村。“百名博士古茶园”几个大字就刻在这块三棱体的正面，书法是三家村德高望重、当了 48 年村民小组长的罗景乡所写。下面三层是四面、八方、一圆盘。四面分别刻有地球、中国行政图、云南行政地图，正面是“百名博士古茶园”简介，代表一百名博士来自世界各地，学识及技术储备雄厚。八方则是一组刻画了采茶、制茶、品茶等场景的充满农耕文化气息的浮雕，栩栩如生。底座圆盘代表家族团结、民族团结，凝聚社会各方力量办大事，也表达各种学术观点相互包容。

【话说】 百名博士古茶园，拥有一百余棵千年古茶树和五百余棵百年古茶树。茶园内建有博士文化长廊、彝族文化长廊、金奖纪念碑、百名博士古茶园标志碑。百名博士认养百棵千年古茶树，赋予古茶树蓬勃向上、顶天立地、朴实完美、绿色生态的人文品格，携手护卫天蓝、地绿、水净、山青的美丽家园。

二十世纪八十年代初实行包产到户的时候，三家村所有村民都嫌台地茶（古茶树）影响农作物生长，产量低，茶难采，都不愿意要老一辈种下的台地茶。只有 18 岁就当生产队长、有点文化学识的罗老爷子体恤先辈们的辛勤劳动，珍惜这些古树茶，别人不愿要就自己保留了下来。如今，这些古树茶显示出其不菲的经济价值。他的五个孩子也都有了出息，半坡村委会也有了自己的第一名博士。纪念碑作为一种精神载体，记录了祖先们的奋斗历程，将三家村的历史、彝族茶文化弘扬光大。

百名博士古茶园建成后，为西藏牧民精心特制了两吨适合高寒地区储藏、符合藏民口味的古树砖茶，送到牧区，无偿捐赠给藏族同胞饮用。还为北京一家儿童慈善基金会捐款两万元。从此，南华兔街的半坡三家村古茶园逐渐引起了海内外茶商及专家学者们的关注，开始有远方的游客来到兔街旅游，还专程到半坡三家村参观，购买古树茶。

【评说】 百名博士古茶园“四面八方一圆盘”的设计体现了各民族大团结、共繁荣的理念。南华县兔街镇三家村以一座纪念碑的形式，记载了来自世界各地不同肤色、不同民族的一百名博士用自己的科学知识力量保护半坡三家村千年古茶的故事，是全世界各族人民的大团结，为实现中华民族的伟大复兴作出了贡献，是各族人民牢固树立休戚与共、荣辱与共、生死与共、命运与共的共同体理念的一次践行。

（南华县龙川社区卫生服务中心　普显宏整理）

■千年指尖记忆　共绣民族霓裳

丁兰英的彝绣《党在心中》

【图说】 丁兰英，南华县红土坡镇人，现任南华七彩彝州工艺品刺绣加工厂总经理、云南楚雄创承彝绣“妈妈制造”合作社社长、楚雄州彝族刺绣协会副会长、南华县旅游商品协会副会长。2023 年 5 月，丁兰英入选 2022“中国非遗年度人物”时发表入选感言：“作为一名共产党员、非遗传承人，更是孩子的母亲、打过工的农村妇女，我对农村群众就业增收的困难感同身受。所以当我自己在各级党委政府以及帮扶单位关心下发展得越来越好的时候，就想着要帮助和我一样的农村妇女和特殊群体，希望带着他们一起通过刺绣增收致富，绣出精彩生活，实现民族彝绣，民族共绣，民族共享。”

【话说】 南华，古称镇南，意为祖国西南美丽的地方。南华县地处滇中高原腹地、楚雄州西部，是连接滇池洱海的一片丰饶之地。在这片两千多平方公里的土地上，生活着二十多万勤劳朴实的各族人民。浓郁深厚的民族优秀传统文化，独具特色的少数民族风情，把南华装扮得更加绚丽多彩。

在彝族居住地区，彝族妇女都穿着精美的花衣裳彝族绣女从小在母亲的指导下学习绣花、挑花、补花的技巧，针法主要有平绣、绉绣、缠绣和帖绣等数十种绣法。

丁兰英用小小的绣花针，以绣娘的真情与刺绣技艺，团结众多姐妹，走出大山，搭建起致富的大舞台。她先后荣获云南省“刺绣大师”、楚雄州“彝乡名匠”、云南省“国家手绣制作工考评员”、高级手绣制作工称号。她通过彝族刺绣，成为云南省非物质文化遗产传承人，为彝族服饰的保护和传承做出了积极贡献。2019 年 11 月，丁兰英被云南省文化和旅游厅批准命名为非物质文化遗产代表性项目彝族服饰省级代表性传承人。2022 年 5 月，丁兰英荣获“云南省三八红旗手”称号。2023 年 5 月，丁兰英入选“全国青年非遗传承人扶持计划”2023 年度扶持对象名单。

二十年来，她传承培训交流的足迹涉及云南省内昆明市、红河州、大理州、玉溪市、德宏州和楚雄州各县市。公司旗下现有帮扶车间 8 个，绣娘及工人 2028 人，其中，残疾工人绣娘 78 人。丁兰英先后设计出彝族服饰数百套，有传统彝族服饰、礼仪服饰、新娘装、中老年服饰、童装、校服、舞台装、左脚舞服饰、时尚与彝绣结合服饰，其中旗袍刺绣就有 10 多款。彝绣产品畅销省内丽江、大理，浙江、福建、上海，以及新加坡、日本、法国和东南亚等地。2021 年，彝绣公司产值达 1512 万元。2019 至 2022 年间，丁兰英组织开展彝族服饰制作、刺绣传承培训活动 149 期次，每期 8 至 15 天不等，其中，南华县 96 期次，遍及 10 个乡镇，楚雄州 39 期次，云南省 14 期次，共计培训学员 10 028 人次，培训残疾人 324 人次。

2019 年 4 月，在东南大学的助力下，丁兰英参与设计制作的彝族服饰首次亮相上海时装周，古老彝绣在镁光灯下大放异彩，掀起“最炫民族风”。2023 年 4 月，在第十七届中国义乌文化和旅游产品交易博览会上，丁兰英参与设计制作的 20 多套刺绣服饰亮相潮品发布会，吸引众多关注，当场与 43 家企业达成合作意向。同年 9 月，丁兰英参与设计制作的彝族服饰受邀登上米兰时装周，“非遗”元素的跨界时尚服饰广受好评，“品牌标志”手工绣订单大幅增加。丁兰英开设的企业 2023 年荣膺全国首批“美丽工坊”，并荣获 2024 年全国民族团结进步模范集体殊荣，实现销售收入 3168.2 万元。

【评说】 岁移月迁，小小的绣花针，传承千年彝绣的美好文化。针线春天，布匹心有所属，巧手在天空绣出星星的亮。指尖密码，唤醒记忆翅膀，绣出民族共同富裕的霓裳。丁兰英全面掌握了彝族服饰的制作技能，在坚持传统的基础上，结合社会生活的发展规律推陈出新，注重彝族服饰制作技能的收集整理和人才培养，将彝族服饰的制作技能毫无保留地传授给徒弟，传播范围广，学员众多。丁兰英通过彝族服饰制作这一技能，从一点一滴做起，团结广大妇女同胞、弱势群体和残疾人朋友，在传承中带动大家勤劳致富，助力乡村振兴。她在当地群众中和楚雄彝族自治州、南华县有较大知名度和重大影响，是当地群众公认的彝族服饰传承人和组织者。

（南华县文联　李天永整理）

■彝白一家亲

远眺雨露白族乡洒披武村

【图说】 南华县雨露乡政府南边十余里的山峦中有一个盆地，盆地中的村庄，叫洒披武，分上村和下村。上村是白族，下村为彝族，淳朴的民风，培养出一代又一代善良、真诚、勇敢、勤劳的村民。这里的白族和彝族青年相互通婚，世世代代和睦相处。每年春耕和秋收的农忙季节，白族人和彝族人都会相互帮助栽秧和收割庄稼，谁家遇上了困难，上下两村的人们也会主动出手帮助，亲如兄弟姐妹。村党支部书记何秀琼是下村彝族人，说一口地地道道的彝话，也能说一口流利的白族话和汉话，被人们称为长着三个舌头的女能人，上村的白族民众都很敬重她。在党的民族团结光辉政策照耀下，洒披武村的彝族和白族亲如一家。

洒披武村长冲箐有一个神奇的山，叫"菌窝子"。山梁这边与山梁那边"翻山倒"，左边是上村白族的，右边属于下村彝族地界。上村的白族小伙何家明来到"菌窝子"采菌子，恰巧遇见下村的彝族姑娘何田珍也来"菌窝子"采菌。双眸对视的一瞬间，两人既惊奇又羞涩，含情脉脉对视了很久。眼看西边太阳落山，天就快要黑了，他俩各自背着满满一篮的野生菌相约一起下山。黑夜中，何家明一直把何田珍送回了下村的家中。后来何家明和何田珍喜结连理，生育了一儿一女。彝族姑娘与白族小伙七夕在"菌窝子"喜结情缘，至今在洒披武村传为佳话。

【话说】 洒披武村是个古村落。古时，这里的人们男耕女织，过着无忧无虑的田园牧歌式生活。女人美丽善良，擅长弹三弦、月琴和笛子，跳左脚舞，唱彝族山歌或白族小调。男人身强体壮，崇尚武德，闲暇时就身披铠甲，手握大刀长矛，以比武为乐，随时准备为国家效死疆场，"洒披武"的村名由此而来。解放战争时期，中共滇西工委在此成立洒披武后备中队，开展反蒋斗争，迎来了全国解放。在抗美援朝和对越自卫反击战中，洒披武村委会就有何开富、何从富、何跃祥、何林旺四位烈士为国捐躯，这与洒披武的先辈尚武遗风有关。

【评说】 人们都知道，当年松赞干布与文成公主联姻，树立了唐蕃关系的里程碑，巩固和稳定了西藏边境的安宁。雨露，古称雨落，是楚雄州四个民族乡中唯一的白族乡，有彝、汉、白、苗四个主体民族。这里夜不闭户，民风淳朴，乡风文明，生态文明，村野一片安宁，三十多年从未发生过一件刑事案件，是民族团结进步的典范。

（南华县龙川社区卫生服务中心　普显宏整理）

非遗故事

南华县省、州、县三级非遗代表性项目名录共有 57 项，其中省级项目 12 项，州级项目 15 项，县级项目 30 项。共有非遗代表性传承人 161 人，其中省级传承人 9 名，州级传承人 31 人，县级传承人 121 名。现摘录部分非遗故事。

镇南月琴

李天永

镇南的老一辈留传下一句话："沙桥豆腐吕合酒，镇南月琴家家有。"这足见镇南月琴的知名度及普及程度。月琴，乃一民间乐器，因形似满月，声脆如琴，故名月琴。云南民间俗称"弦子"，是成年男女跳歌场上不可缺少的伴奏乐器。南华县古称镇南州，这里的月琴制作在清代即享誉滇西及滇南，"镇南月琴"的名号已在民间盛行数百年了。

镇南月琴以工艺精湛、造型美观、发音准确、节奏明快、音色清脆悦耳而著称。既是一种民族乐器，也是一件绝美的民族工艺品。轻轻拨动琴弦，有如丝丝细雨飘落；急促拨弄时，犹如万马奔腾，激烈奔放。月琴有四轴四弦，每两弦同音，用五度定弦法调音，琴颈至面板上设 7 至 13 个品台不等，音域为两个八度。演奏时，琴斜置于胸前，左手持琴按弦键，右手用一竹片或牛角片拨动琴弦发音。弹奏技巧已发展到弹、拨、撮、滚、扫滚、按、颤、滑、吟等 30 多种，其中还有一种独特音响效果的"刮品"。镇南月琴不但可用于歌舞伴奏，还是一件出色的独奏乐器。

在楚雄彝族地区，不论是山顶箐底，还是田边地角，人们都可以听到月琴的"铮铮"声，它深受百姓喜爱。月琴既是彝族跳左脚舞时不可缺少的伴奏乐器，又是小伙子谈情说爱、抒发情感、传递信息的工具。小伙子们常常用优美的琴声表达情意，表达自己对姑娘的爱恋之心。在月光如水的夜晚，姑娘们踏着琴声，走过村寨，走过田野，去跟自己的情人约会，倾诉爱慕之情。在云南楚雄彝族自治州，不论男女老少，都把月琴视为其生活中不可缺少的一部分，每天劳作之余或吃过晚饭后，他们便会抱上一把月琴在自家院里自娱自乐，跳左脚舞，消除一天的疲惫。彝家人说："听到弦子脚就痒，望见小郎心就慌。"遇到节日或村中喜事，常在宽敞院子里烧一堆篝火，数百人围成圈伴着月琴声跳左脚舞，三天三夜，通宵达旦。"跳脚跳得黄灰落，只见黄灰不见脚；跳歌要跳三跺脚，跳出黄灰做得药""阿哥跳穿千层底，阿妹跳烂绣花鞋"，这便是镇南月琴感召力的真实体现。

云南各地皆流行月琴，所用材质及生产工艺流程种类相似。唯有"镇南月琴"历史悠久，驰名中外，清代即誉满三迤（即整个云南）。

光绪《镇南州志略》记载："州人杨氏世袭其业，所造者皆有美音，市之者甚重。"清朝福建籍著名军旅作家黄大琮在宣统元年（1909 年）正月在镇南（今南华）写下了《镇南杂咏》："秋街一片沸人声，齐上山坪抱器行。自鸣岁时娱乐意，月琴竹笛和芦笙。"这说明清朝时"镇南月琴"就已经深入彝族的娱乐歌舞之中。

据镇南"月琴世家"第十代传承人郭庆云介绍，其祖上制作月琴至今已有 300 余年历史，到民国他爷爷这一代时进入鼎盛期。那时的"镇南月琴"作坊多集中在镇南州城内西街上，有抱月斋、得月斋、得月楼、玩月轩等 20 余家，尤以抱月斋店主郭纯熙所售最为著名，其月琴制作精细，音色清脆，浑厚悦耳，深受各民族民众欢迎。除当地人定做外，远道慕名求购者甚多，销往泰国、缅甸、印度等邻国。

每当马帮过镇南，就有马锅头来买镇南月琴，一次买好几把。一是转手倒卖，二是自己在路途中以月琴消解寂寞。那时一晚上会涌进几起赶马人等着要买抱月斋制作的镇南月琴，但月琴一下子又赶做不出来，于是他们十多个人就一边等，一边在院子里弹起月琴跳起民族歌舞，到第二天等月琴做好才满意地挎在身上去赶路。于是，镇南月琴随马帮“走夷方”，琴声沿茶马古道响遍大理、保山、西双版纳乃至缅甸、泰国。二十世纪三十年代末，滇缅公路通车，来华抗战的美国兵看中了抱月斋里的一把传世月琴，店主郭纯熙说什么也不肯卖，但那个美国兵非常喜欢，最后以高出十几倍的价格把这把月琴买走了，引起全城轰动。

二十世纪六十年代，南华西街“镇南月琴社”制作的月琴，打包销往上海、北京等地，供不应求，只要西洋乐器演奏的音乐，镇南月琴都能跟上，奇异优美的音质令人惊叹。1996 年，云南省博物馆携带 60 把镇南月琴到香港展出，观众一看是“镇南月琴”，不到一天时间就抢购一空。

关于镇南月琴，民间还流传着一个动人的故事。在古老的彝族山寨，有一位阿波养着一匹母马，时常到龙潭边去放。不知什么时候配上了种，第二年，下了一匹小马，长得很丑。一天，有一云游和尚看到这匹小马，便告诉主人说，这是一匹龙马，你杀一只鸡，用鸡毛水清洗小马。主人照着做，果然，小马的鼻子里长出了小龙须尖。这对龙须一天比一天长了起来，身上也长出了一层鳞甲。更为神奇的是，轻轻抚摸小马的马尾会听到铮铮美妙的音乐。

此事传到皇帝的耳朵里，皇帝传令阿波把龙马当贡品选到皇宫。皇帝要赏赐阿波，善良的阿波却什么也不要。他非常喜欢自己的小龙马，想要一个带在身边，能解乏、解闷，会发出铮铮美妙音乐的物品。皇帝便亲赐一把龙头月琴给阿波。镇南月琴的传承人就是以精雕细刻出不同造型的龙头来区分各自门店及手艺，这虽只是传说，但也说明了文化传承的力量。

镇南月琴取南华本地树龄在 50 年以上的楸树、水冬瓜树、马缨花树、野樱桃树、华山松，10 年以上的香笋竹作材质，需在深秋树木成熟时砍伐，解板后阴干定形 1 年以上才能使用。楸木，被誉为“木中之王”，木质细腻轻巧，有光泽，不蛀虫。木纹自然美观大方，干燥速度慢，不易变形，用于制作琴盘，弹奏时产生共鸣，音质浑厚。水冬瓜木，吸水性好，干燥后木质紧密，韧性好，不易断裂，做琴杆。华山松，木质疏松，易于雕刻，做琴杆或龙头。马缨花木做出的龙头最好，野樱桃木做琴簪，香笋竹做琴台。

镇南月琴有八方形、圆形、如意形 3 种，结构均由琴杆、琴簪、琴盘、琴品、琴台、琴胆等六部分组成。琴杆顶部呈弧形，雕有“老龙含珠”之龙头；下置 7～13 品不等竹制琴键直达琴盘中部，两侧置 4 个琴簪，相互错位，作调弦纽用。琴盘是产生音响的部件，需精细加工，薄而轻者为佳。古时琴盘内特置“琴胆”，系用钢丝将一枚铜钱固定在琴盘内，可产生特殊音效。弦线系于琴簪及琴正中下部“钓鱼台”上。琴头大都雕成龙头饰以龙须。琴的正面板上雕龙刻凤，有的还在琴面正中镶上一面小圆镜。小伙子们抱琴弹奏时，龙须上下颤动，圆镜闪闪发光，龙飞凤舞，灵气活现。

琴框用前一年砍下晾干的 8 块水冬瓜木拼成八边形，每块之间以榫衔接，用牛皮胶粘合，不用一颗钉子。整个琴框用 24 至 56 个榫固定，琴框中间装上一根横杆。圆形琴和如意琴在此基础上打磨成圆形或肾形即可。

选3块上好的楸树板拼琴板(少于3块琴板易凸凹变形),根据琴框大小蒙于琴框上,琴板根据琴框大小直径0.8至1.4尺不等,琴板厚1.5至2毫米左右。

琴板须三块拼成,整体镂空。图案根据各自喜好自由选择,镇南月琴一般刻链子图、马缨花、兰花、火把、龙凤等图案;如意琴除刻花草外,也有在琴面上刻古诗词的。镂空过程相当费时耗力,且艺术含量较高,是个技术活。

用水冬瓜树木或华山松制作琴杆,琴杆的长短根据琴框的大小而定,在琴杆上凿4个用于安装调弦的圆形洞及一装弦线的凹槽,上端安龙头,下端安琴码,即"钓鱼台"。

琴簪俗称弦耳朵,用野樱桃树或水冬瓜木为好。琴簪做成一锥形,旋钮刻楞方便旋转调试弦线,并将4个琴簪装在琴杆两侧。

制作龙头用马缨花树最好,华山松也可。先用小锯大体镂空,再用刻刀精细雕刻,做工十分考究。龙头形态花样繁多,有30多种,龙头(弦子)是镇南月琴的主要标志。龙头安装在琴杆最上端,配彩色绣球,跳舞时一闪一闪的,非常好看。

琴台用山箐里生长的香笋竹做成,琴台上尖下宽,固定于琴杆上,用于弹奏音阶。1个琴台为1品,一般安装7至13品不等,9品以上可弹奏山歌、曲调及花灯,13品可与西洋乐器媲美,可弹奏任何曲谱。

琴码俗称"钓鱼台",形似虎头,须精细雕刻,并安装在琴杆下端。月琴的琴码是固定的,作用是固定另一端的弦线。

早年使用的弦线用上好麻线煮蜡精制而成,历史上也使用羊肠线做弦线。二十世纪六七十年代用尼龙线,现多采用钓鱼线。弦线固定在琴簪和琴码上,共有4根,两两为一组,上是低音,下是高音,品高处是低音,品低处是高音。

月琴做好后,为了使月琴美观漂亮,还要上2至3道油漆。另根据镂空图案的需要,上各种色彩鲜艳靓丽的桐油漆或生漆,在琴板中间装一块亮堂堂的小镜子,美丽无比。

琴带多为彝族少女手工刺绣品,长1米左右,图案多为花鸟虫鱼,色彩艳丽,拴在琴杆两端,便于跳左脚舞时将月琴挂于胸前。

镇南月琴是驰名中外、享誉世界的彝族民间乐器,是南华人民300多年传承下来的一块金字招牌。它在云南民间音乐中占有一席之地,久盛不衰,且为海内外众多乐团所使用,被列为云南省民族民间传统文化重点名录。镇南月琴作为乐器不仅深受专业、业余文艺工作者喜爱,就连普通民众也十分喜爱,是普及率很高的一种大众乐器。它还是一件工艺精良的雕刻工艺美术品,有较高的鉴赏和收藏价值,有很高的文化艺术保护价值。

抱月斋传承人郭庆云制作的月琴被云南省博物馆、楚雄州博物馆和外国友人收藏的有40余把。1985年2月15日至3月15日,蟠龙村委会大村的李发枝珍存的1把百余年的龙头圆形琴,龙川镇西街李书先制作的4把八方形琴,在北京民族文化宫参加《楚雄——神奇美妙的彝州》彝族民族风情展,受到音乐家们的一致好评。镇南月琴拥有独特的生产技艺,独特的形状、音质、音色、音量,已成为大众喜爱的优秀传统文化产品,此项目的保护、开发、利用,必将促进民间艺术的繁荣,促进文化旅游、文化产业的发展。

雨露正月初八灯会

李天永　何桂康

康熙《镇南州志·古迹·龙神石》:州治南三十五里,在力戈村。元初,龙现于巨石中,化为婴孩,时土人经过,闻啼声,觅之得孩,欲抱归抚育,行一里许,风雨交作,遂化为石,土人立庙奉为神。至今石胎形尚存。"龙神石",当地白族称为"胎盘石",留下土主降生的传说。距"龙神石"不远处有一座山,民间传闻,就在龙化婴孩的那个夜晚,天降一柱擎天的巨石于山顶,当地人为契合阴阳传人这一天外来物,俗称"天阳石"。

"龙神石"下诞生的土主叫钱三老爷,是一个会人语的神石。他在兵戈四起、灾害频繁、民不聊生的年代,率领雨露民众奋起反抗,百战百胜,为民消灾消难。战乱平息后,百姓安居乐业,人们把钱三老爷视为民族英雄,立庙奉为土主。土主"钱三老爷"有四子三女,分别有不同的爱好,要狮子、舞大刀、弄枪棒、演唱古装灯戏,由此在雨露形成不同习俗。为加强团结,增进友谊,钱三老爷将一个女儿嫁到楚雄东华上溯门罗摩营村,民间称她为"姑奶奶",丈夫乃族长,俗称"陈官老爷"。形成雨露和东华上溯门走"高亲"的习俗。姑奶奶在夫家住一年,在娘家住一年。逢双年正月十四,雨露村到上溯门接亲,习农耕纺织。正月十八乡民聚力戈,抬轿抚轿,祈福"唱灯"迎"姑奶奶"回娘家。逢单年正月初七,楚雄东华上溯门村来雨露接亲,初八参加土主诞辰日活动,习农耕纺织,正月十一在罗文聚会"唱灯"相送。此俗延续至今。

在"胎盘石"与"天阳石"中间,还有两块奇石。一为罗摩石,位于河头村山坡上;二为寒心石,位于罗摩石之后。相传,雨露土主"钱三老爷"为继续走和亲道路,强迫孙女嫁给楚雄东华上溯门罗摩营村"陈官老爷"姑奶奶家做儿媳。姑奶奶家陈少爷口齿不清,麻子脸,长相丑陋,好吃懒做。而钱氏美丽贤惠,勤劳善良。包办婚姻导致才貌不配的夫妻关系紧张。在初夏的夜里,夫妻吵闹,陈家少爷动手打了妻子,钱氏受伤,疼痛难忍,连夜裸身赶回娘家。当她回到力戈龙潭时,听到河头村有冲碓、簸米、磨面的声音,随后听见公鸡一声声的鸣叫。钱氏方才醒悟自己裸身,估计天亮之前无法回到娘家,自感羞愧难当,无地自容,随即化身半墩形大石头。民间俗称"罗摩娘娘石"。陈家少爷带领四个家丁随后追来,当陈家少爷看见钱氏身影瞬间化成石头,咫尺天涯,无法团聚,悔恨自己的鲁莽,悲从胸起,伤心过度,化成瘫痪形石头。民间俗称"寒心石"。四个家丁也化成四块形状各异的小石头。现六块石头尚存。这是对封建社会包办婚姻制度的极大讽刺。警示后人,美满幸福的婚姻需要平等、自由、包容。

悠悠岁月,雨露"五丛"旧有五个灯班,现存续四个"灯班",初一白天"表灯",初二夜里"引灯",初三到初七夜里开始"唱灯",女性负责后勤,不上场表演,表演由男性完成,戏里的女角由男性假声演唱。初一至初七,各个灯班在"五丛"各村祠堂活动。正月初八土主诞生日,汇集"五丛”大庙集中表演，纪念歌颂“钱三老爷”的功德，祈祷“五丛”百姓风调雨顺，国泰民安，五谷丰登，六畜兴旺。“天阳石”和“胎盘石”就是雨露各族人民的根，“正月初八灯会”就是雨露“五丛”百姓的魂。“雨露正月初八灯会”已被列入省级非物质文化遗产代表性项目名录。

清朝著名军旅作家黄大琮盛赞雨露“五丛”灯会，诗云：“不知土主是何神，雨露村头岁祀新。笑煞痴狂众男女，会场百戏沸如尘。”

雨露正月初八灯会是欣逢土主诞生产生的，倡导孝、悌、忠、信、礼、义、廉、耻的思想。“五丛”百姓崇宗认祖，从小就受到传统思想教育，民风淳朴，政通人和。各民族交往、交流、交融，具有很强的包容性。灯会的传承，有效推动了优秀传统文化的创造性转化和创新性发展，有力推进了中国特色社会主义文化建设。

锅巴凉粉

李天永

锅巴凉粉　张建军摄

江迤三乡，乡愁悠长。莽莽的原始森林摄人心魄。沿途的小吃，就像长了记忆，让人舍不得轻易错过。无论赶集、出售山货的乡民，还是过路的人，都会小歇片刻，来上一碗酸甜爽口、带锅巴香、很有嚼劲的锅巴凉粉。

五顶山乡古称凤羽。解放战争时期，是南山区革命游击根据地之一。这里立体气候明显，石膏矿储藏丰富。风味小吃锅巴凉粉，已有上百年历史。

南华的远古先民，很早以前就在礼社江大峡谷沿岸生活。1982 年 3 月，红土坡镇大旭宇村东南方向，山林间的石缝中，出土过一把磨光的石斧，经文物专家鉴定，其为距今四千至五千年的新石器时代文物。也就是说，早在四千多年前，礼社江畔的大旭宇村，就有人类生产活动的遗迹。与龙川江源头，沙桥镇孙家屯发掘出距今四千多年新石器时代晚期的双耳陶器相吻合。相传，旧时这里的男子善狩猎，女子操持生产家务，时常用小春豌豆粉制成凉粉用芭蕉叶包裹让男子狩猎时吃，女子只舍得吃剩下的锅巴。久而久之，女子学会一层皮一层粉的锅巴凉粉制作。这样一来，既方便携带又有嚼劲，非常的香。也就有了后来的锅巴凉粉。

锅巴凉粉传承人罗美萍　张建军摄

常想，人这双手，除了劳作，还能做美食抚慰人心。一千双手，就有一千种味道。锅巴凉粉制作技艺传承人罗美萍，一边捡豌豆里的杂物，一边抬头与我交谈。制作锅巴凉粉，首先要选择江疮三乡的小春豌豆（本地豌豆），收割后晒干。豌豆粗磨去皮，滚筒磨面，旧时用石磨磨豌豆面。每次取五至十千克豌豆面，将豌豆面掺入山泉水，按一比五的比例，即一千克面粉加入五千克水；搅拌均匀后，用纱布（当地人称滤粉布）挤压过滤，去豆渣，豆浆入盆，沉淀两至三小时，入盆的豆浆分为上下两层，上层为水粉，另有用途，下层为豌豆浆，用来制作锅巴凉粉。将制作好的豌豆浆掺入山泉水，按一比五的比例，即一千克豌豆浆加入五千克水，搅拌均匀成糊状后待用。平底铁锅加热，这是一项技术活，要用松毛小火，禁大火，抹上油，舀入糊摊开，用木片刮拉成锅巴，用手揭下来，放平晾凉备用。同时，制作好的豌豆浆备用，搅拌均匀成糊状后待用。大锅将山泉水加热微涨，加入适量精盐，将制作好的豌豆浆徐徐淋入大锅之中，大锅山泉水与豌豆浆按十比一的比例，即十千克水加入一千克豌豆浆，顺一个方向搅动，不停地搅拌，不能停下，否则就会粘锅，搅拌至没有白色的淀粉颗粒，约一小时后，微微的沸腾就熟了。

锅巴凉粉的制作程序并不复杂。干净纱布用泉水弄湿，铺在簸箕上，舀一瓢煮熟的稀豆粉摊开摊平，盖一片锅巴，依照顺序操作至锅巴铺完，最后盖一层煮熟的稀豆粉，大约十五层左右，冷却三至五个小时即成锅巴凉粉。要吃上好的锅巴凉粉，还得配上当地的土作料：自制的木瓜醋或杨梅醋、炒熟的芝麻油、大蒜油、葱花、芫荽、花生、炒熟的南瓜子冲成的粉、酱油、豆瓣酱。

将制作好的锅巴凉粉切成条加入自制作料即可食用。南华县锅巴凉粉制作技艺是在云南民间煮制豌豆粉的基础上，变一次成熟为两次成熟，把制皮与制粉分开，然后合二为一。故成品层次明显，似千层豆粉，口感各异。凉粉软糯细腻，入口即化；锅巴绵韧耐嚼，滋味别具。成品有凉吃和热吃两种，均软嫩味美。锅巴香酥、清润爽口、别具风味，属于云南豌豆粉中的上品。主要出售方式选在街天——五顶山逢六号、十号、十六号、二十号、二十六号、三十号赶山街子，也就是赶集日。每个月赶六街，锅巴凉粉逢街可卖二十至三十千克，一天毛收入约两百至三百元。

五顶山乡、马街镇、兔街镇处在哀牢山的上段北端，当地称江迤三乡。五顶山背后，有一条鼠街河。旧时，鼠街村委会在河边，1998 年发泥石流，集市被毁，后迁到半山，水弥线的公路旁。罗美萍就住在鼠街。锅巴凉粉制作技艺从她祖母开始。祖母罗银芝传给罗美萍的婆婆边漫琳，再传给罗美萍，罗美萍又将制作技艺传给董国菊。

凉粉是夏天消暑最好的搭档，滑嫩的口感配上酸辣香甜的调料，让人忍不住一口接一口，一下就见了碗底。从口腔到心灵，锅巴凉粉带给我们的愉悦感无以言表，这就是家乡的味道。

原载于 2024 年 4 月 19 日《都市时报·大象》

阳麦粑粑

李天永

以前我从五顶山归来的时候，走的是南景公路，要跨过礼社江。中途稍显宽敞处停车，远远眺望，一道道宁静黄熟的麦子和村镇，挂在山的半腰。

沿途多了新式小楼房和大小不等的汽车。遇到集镇，赶街日热闹，平日里安静些。

南华山区多，小麦种植广泛，旧时，小麦成为主食。在漫长的岁月中，人们根据不同的生活需求，制作出了多种风味独特的麦面食品。

在吃的法则里，依了乡土气息，留在骨子里的灵魂，形成的风味重于一切。味道是每个人心中固有的乡愁。

阳麦粑粑外形美观，大小匀称，表皮金黄，柔软又有筋道，是用生长在高寒冷凉地区的小麦磨成面粉后加工制作而成。做阳麦粑粑时，我喜欢面里什么都不放，原汁原味，满嘴清香，都是泥土的味道。

五顶山阳麦

有一个关于阳麦粑粑的美丽而凄惨的传说。一年二十四个节气中有一个叫做“霜降”。从前有一家人，婆婆和媳妇常年在家。霜降节这天，她们就说今天是“双犟”，这是方言，指双方要发生争执，看我们两个谁更犟。婆媳俩约定：如果这天下雨的话就是婆婆赢了，这样就可以吃麦粑粑；如果不下雨的话则媳妇赢，这样媳妇就可以穿花鞋子。山区山高路陡，少雨干旱，主要种植玉米、小麦、苦荞，没有大米。为了来年小麦有个好收成，婆婆就每天祈求老天爷下大雨，让老百姓有一点粮食吃，而媳妇则不希望下雨，这样她就可以穿花鞋，打扮得漂漂亮亮。婆婆为了当地的老百姓能吃上饱饭，天天跪在房子旁边的一颗龙树下，求老天爷下雨，媳妇则认为那是婆婆存心想坏她的好事，也去庙里烧香拜佛，希望老天不要下雨。天神下凡查情，得知婆婆的善心便下起了雨。而媳妇因为愿望破灭就心生歹念毒死了婆婆。老天爷为婆婆主持公道，媳妇的恶行遭到了天谴，从此每年的霜降节都会下雨，小麦大丰收了，人们也就吃上了麦粑粑。人们为了纪念这个婆婆，日复一日、年复一年，在南华县的各山区就有了霜降吃阳麦粑粑的习俗。

马光明边揉面边与我搭着话。阳麦种植海拔在一千四百至一千八百米之间，生长期比其他麦种长二十天左右，每亩产量约两百公斤。每年三月份成熟，生长期约半年，主要分布在红河源头礼社江两岸，以五顶山产量最多，阳麦种植两千亩左右。打麦子，淘洗麦子，磨面，出面率有七成。

用温水把面本化开成浆，利用传统工艺用面发酵，一般揉面的水量适中，初揉水和面充分融合就可以。面团放在盒里发酵，冬天六小时，夏天四个小时，上面盖一层纱布，保持卫生。二次和面时需加小苏打、适量的水反复搓揉，达到面不沾手，干湿适中。以十公斤为标准，大约搓揉五十分钟即可。在案板上洒上少量阳麦面粉，防止沾手和沾板，然后把面团均匀揪成小团，摆放在面板上醒面，接着便用手掌均匀地按成饼状大约一厘米厚，直径为三十厘米或十五厘米两种规格。用平底锅柴火加热，让锅达到一定温度，再放上粑粑，火候要掌握好，温度不宜过高。火候均匀，烘烤五分钟即可反面翻转，用手直接反面翻，要准确快捷，再接着烘烤四分钟，直到表面金黄，然后再把粑粑用手竖直，用双手翻动粑粑，烘烤弧面，速度不宜太快，直至焦黄。形体似满月，麦香四溢。

五顶山阳麦粑粑

拿上等阳麦面和面，加上传统面本发酵。经过发酵，再加小苏打水，不添加任何其他化学物质，纯属原生态天然无公害绿色食品。还可以根据你想做的大小以及馅心的品种来决定阳麦粑粑的种类，可以烤、蒸、油炸等。口味则根据馅心的不同而不一样，主要用糊麻、苏子、花生、豆米、豆沙等。阳麦粑粑形似一轮明月，意家庭团结和睦。掰开纯天然的阳麦粑粑，一股麦子和泥土的清香飘出来，咬一口，唇齿生香，满嘴都是土地的味道。

阳麦粑粑口感好，健康营养，不添加任何化学成分，老少皆宜。阳麦粑粑在整个楚雄州有很高的知名度，是楚雄州有名的特色传统美食，是当地回族、汉族和彝族的主要食物，可充当早点、午饭，下地干活可充饥，逢年过节都少不了它。阳麦粑粑作坊五顶山平日有四家，两家回族，两家汉族。街子天增加到七八家，红土坡一家。目前，分店已开至南华及楚雄城区。

马光明的家在鱼坝塘，位于牛丛村委会一侧。做阳麦粑粑是母亲传给他的。为延续这一技法，马光明传给李忠华，李忠华传给马琼华，马琼华又传给马光明的女儿马丽萍、马丽娟。

《行走的麦香》以电视纪录片的形式走进中央二台后，又走回楚雄、南华电视台。很多人看到后眼睛里泛光，随后又湿润了。

任何技艺与人的付出都是成正比的，难学费事不说，还得借助经年的积累。年轻人闯荡在外，习惯于快餐文化，若要亲自抽身下厨去做点吃的东西，端上桌连自己都不想吃。也难怪，机制的食品占据了人们大部分生活。

在南华，循古法，记乡愁，阳麦粑粑是首选。用手掰开粑粑，中间加点腐乳抑或豆瓣酱，满嘴炊烟，都是家乡的味道。

原载于2024年5月10日《民族时报·山茶花》

五顶山腊鹅

李天永

翻过大风丫口，能见着谷底的礼社江。隔江对岸便是五顶山，与红土坡相望。那里道路崎岖，峡谷纵横。

恰逢雨季。夜里，雨下个不停，早晨起来，雨脚初歇。越野车行驶在乡间道路上，恐小石下坠砸着。因海拔落差形成的云雾，湿漉漉地从谷底顺着山梁袅袅上升。随着时间的推移，露出远山青黛，似一幅长轴水墨画。也有大雾弥漫之时，什么也看不清，自己迷失了方向。

五顶山以路为街，分上下两条，有很多商店。赶街日热闹异常，各路乡民、商人将诸色货物摆在路两侧自由出售。

五顶山高，林繁雾茂，仿佛置身仙境，生发出上落宝、下落宝的传说故事。很久很久以前，五顶山白鹤寺有两只白鹤，相守在白鹤寺，守护着五顶山。有了白鹤的存在，很多人都来白鹤寺祈福且非常灵验。白鹤寺的美名传遍江迤三乡，因此也多了一些觊觎白鹤的人，想占为己有。突然有一天，来了两个强盗，他们想盗走这两只白鹤。当他们来到白鹤寺，他们的贪婪惊动了白鹤，白鹤展翅而起，飞向云端，吓跑了强盗。一只落在白鹤寺对岸，因此得名“下落宝”；另一只落在白鹤寺左前方，因此得名“上落宝”。

在五顶山一所学校内，有一方形似脚印的池塘，相传为神仙所留，当地人俗称“仙人脚迹”。从前，礼社江只是一条大沟，人们想把沟填平，年复一年，重复着同样的劳动，此事感动了上天，就派神仙下凡相助。神仙来到了礼社江旁一个名叫“撑腰石”的地方，想用这里的石头填平礼社江。由于沟太深，天快亮了也没有完全填平，但在天亮前必须回到天上。好几座山前来帮忙，却遇到生角岩与白石岩吵嘴，象鼻山前来劝架。这时，听到第一声鸡叫，所有移动的山形随之固定，神仙左脚从五顶山乡的杨家坝起跳，右脚落在扯郎山上，左手五指按在营盘山，后来长出五座小山顶，即五顶山，飞身回天。为感谢神灵，这里的人们，从来不动“撑腰石”岭上的石头，途经此山，人人都会拿片树叶用小石头压住。再后来，相传有很多白天鹅飞到五顶山，人们开始驯养，这才有了礼社江畔本地老品种鹅。

地理与美食关系极大，也与民族关联。五顶山腊鹅就是这样一种美食。不仅仅是特产，更是当地回族人民的特色美食。其制法独特，烹饪讲究，味道鲜美，是南华人逢年过节、招待客人的必备菜肴。

五顶山腊鹅最大的特点是“腊”，不但具有普通腊肉那种在时光沉积中获得的醇香，而且皮色金黄，白肉如玉，肥而不腻，红肉润泽，肉质细嫩，味道鲜美纯正。用腊鹅汤下面条，煮饵丝、米线或青白小菜，其香美更是难以言表。五顶山腊鹅是五顶山的回族群众积累长期的经验创造出来的独具地方民族特色的风味特产，也是当地回族群众用来招待亲朋好友和远道贵宾的首选名菜，在漫长的发展过程中，逐步形成了自己的风格。

马明章正吆喝着鹅，一大群大鹅张开翅膀向喂食地飞奔而来，场面非常壮观。马明章告诉我，鹅种的选择采用礼社江畔本地老品种。本地鹅蛋三十日孵出小鹅，一周内喂米浆；七天后至一个月内喂细菜拌玉米面；一个月后用米糠、玉米面和细菜混合喂食，但禁止喂食商品饲料。半年后，将鹅关进小圈里人工喂食，每圈关养三至五只，不宜多。人工喂食当地人称“塞鹅”，将玉米面、米糠混合蒸或者煮熟后，适当加点牛油，搓成小圆团，用人工塞进鹅口中，人工喂养三十天后即可进行宰用。

宰杀的时间选择在腊月。壮鹅宰杀后，从肚底剖开，掏除内脏另用。将剖开的鹅肚底用针线缝合，烫煺羽毛，然后打开肚底，清洗干净，晒干水分待用。将清洗干净待用的鹅切除翅膀及脚掌，精盐均匀擦抹在鹅体上，肉厚处多擦，并用竹扦穿几个眼。擦抹后将鹅放平，一只一只叠加装入木盆中加盖腌四天。取出后在太阳下挂晒一到两天，太阳下挂晒期间，升温时禁翻动，此时如翻动将变味。水分晒干后，即可收在避阳光、通风好的地方悬挂保存。鹅翅膀及脚掌的制作工艺与腊鹅一样。鹅肝、心的制作工艺采取锅中加入山泉水和精盐加热，煮熟后晒干水分，装入鹅油或香油中浸泡密封，禁漏气。可随时取出食用。

马明章的家位于五顶山麓的半道，牛从村委会就在公路边，新村离此不远。这里是养鹅、制作腊鹅的地方。制作好的腊鹅拿到集镇店铺去卖。

腊鹅制作这门技艺还得前传后续。从传承谱系来看，由祖父马尚清传给马明章父亲马存喜，再传到马明章，马明章传给马兴、马宾，再由马兴、马宾传给马丽波、钱思慧。

腊鹅食用时切割部分采用适宜的方法烹制，煎炒、蒸食、煮食都可。皮和脂肪蒸食，瘦肉煎食，骨头煮食，煮时入芸豆或花生米味道更佳。用腊鹅汤下面条，煮饵丝、米线或青白小菜，其香美更是难以言表，需亲尝方知其妙。腊鹅煎炒出金黄色，散发出令人垂涎的香气。咬一口，仿佛整个季节里的美好都凝聚在这一口美味之中。抑或用腊鹅油加少许盐拌米饭，那种香无法言喻，至今回味无穷。

世间万物中，五顶山腊鹅的美味无疑是绝佳之选，给你带来乡愁无限，口腹之欢。

三胡物语

李天永

三胡是火塘中的乡愁，是岁月上的记忆，时间里的音乐。

三胡的故事，还得从三胡艺人讲起。李连昆年轻时，看到长辈们演奏三胡，怪异的头饰，声音柔婉浑厚，配上微曲缓慢翻转移步的身姿，觉得非常神奇。他结合自己的木匠基础自制三胡，一共制作过三把：第一把于1961年制作，据老人说，三胡上还刻有“保卫世界和平”字样；第二把是1963年制作的；第三把的制作半途而废，终成遗憾。李连昆老人不仅会制作三胡，而且还会演奏三胡。他拉三胡发出的音质曲调张扬，音质纯朴，音色浓烈，仿佛风霜扑面而来。

李连昆出生在彝族村子，位于南华县城北部的小岔河，距县城十余里。东邻牟定县，南接蟠龙村委会，西毗沙桥镇，北靠姚安县。南永二级公路穿境而过，交通便利，每天县城至咪依噜风情谷的公交车往返十趟。

小岔河彝语称“格邹抵”，意为“星星居住的地方”。由于与外界交往频繁，小岔河为汉语命名，因村寨地处六条溪流汇聚之末端，河流岔口较多且小，故名“小岔河”。

小岔河村民系古代彝族六祖分支——彝族罗罗支系，自称罗鲁濮。明代隆庆元年（公元1567年），有李氏先民因战乱、自然灾害、家境贫困等原因，从牟定县凤屯镇腊湾李家分家迁入，接着有周姓、紫姓从姚安县太平镇各苴村迁入。小岔河村土主、自然和祖先崇拜体现在山水间，重视人与自然和谐相处。选择居住地的条件为：择水而居、靠山而居、依树而居、有田而居，相对独立，进退有余。

小岔河彝家山寨南面是马鞍山，北面是杨梅山，东面是火把山，西面是连绵不断的无名山。这里山清水秀，气候宜人，立体气候明显。以北亚热带季风气候为主，兼有大陆性和海洋性气候特点，四季变化小，干湿四季分明，雨热同季。整个小岔河彝族山寨的森林植被保护得较好，森林茂盛，树种繁多，森林覆盖率达七成。主要天然林群树种是云南松、麻栎、旱冬瓜、恺木树。植被类别可分为原始森林区、针叶林区、针阔混交林区、人工栽培植被区。小岔河源头在阿噜碑村，河水由北向南从山寨中间流过，汇大小岔河水，绕过云台山麓向东流，经马鞍山、蟠龙山，汇响水河折而南流，流至先生邑。入双甸河，经黑马邑，成为黑马邑河，环绕天马山麓，流入龙川江。小岔河上游的龙山水库，保障了县城饮用水及沿途村寨的灌溉用水。

小岔河是一个传承三胡的彝族寨子，这是一种古老的乐器。彝族居住的传统民房、垛木房、青年男女谈情说爱的“姑娘房”，传统的民族服饰，独具特色的婚丧习俗、宗教信仰，充满了神秘色彩。

小岔河属彝族原生态自然村落，被命名为云南省非物质文化生态保护区，已建成国家AAA级旅游风景区——咪依噜风情谷，由沿河谷、顺南永公路的六个小村落组成。共有旅游资源百余处，建有乡村旅游接待点十个。境内茂密的森林与恬静的彝村组成一幅田园牧歌式风景画。古树、梯田、土掌房、姑娘房、垛木房构成别样的景致，优美清新的环境与热情奇特的民族风情形成鲜明的特色，目前仍然保留着传统的彝族歌舞、服饰、刺绣以及生产生活方式。“彝人小镇”热情的“拦门酒”、古朴的喇叭迎宾调、神秘的“姑娘房”、传统的风味菜、醇香的“羊角酒”、动人的原生态山歌、奔放的“左脚舞”等洋溢着浓郁的民族气息。来自四面八方的国内外游客，还可参与爬青山、穿莽林、找菌子、采野花、摘林果等娱乐活动，体验山里人古朴典雅、豁达闲适、宽容平和、热情快乐的“世外桃园”生活，感受舒心和愉悦。

徜徉于青山碧水间，天高气爽，云淡风轻，野花飘香，万物竞秀。山光水色，美在自然天成；田园牧歌，好在天人合一。这是一片美丽的土地，孕育了山川的旖旎和人的灵性，阡陌小道上铮铮的月琴声，田畴牧场上悠扬的歌调，随风飘来，恍似天庭仙乐，在空寂河谷中荡漾回旋，让人心旷神怡。这是一片神奇的土地，养育了一个勤劳勇敢、热情好客、能歌善舞的民族，他们的左脚舞随处可见，犹如盛开在深山野地里的鲜花，常开不败，四季芬芳，生生不息。这里是传承彝族三胡的地方。

早年，日本学者多次深入小岔河村寻根，考察农耕文化。《通天长老》等多部影片在此拍摄。最值得这里的彝族村民引以为豪的是 2007 年 9 月 2 日，中共中央政治局常委、全国政协主席贾庆林到岔河咪依噜风情谷视察。看到这里生态环境优美，人与自然和谐发展，民族风情浓郁，彝族文化底蕴深厚，村容村貌整洁亮丽，乡风文明悦人，他高兴地说：“一个彝族山寨这样繁荣兴旺，人民群众这样安居乐业，老人小孩欢天喜地，真是令人兴奋。党的一系列富民政策在这样一个彝族山村得到了很好的落实，很是欣慰。彝族文化历史悠久，丰富多彩。要把彝族文化永续不断地传承下去，保护好、开发好、发展好，促进各民族间的相互交流、相互启发，共同繁荣发展，使彝族文化更加丰富多彩，使彝州的经济社会实力更加增强。”

特殊的地理位置，深厚的彝族文化根基，对南华的三胡制作流传起到了决定性作用。龙川镇岔河村委会彝族村寨的三胡，已有四百余年历史。自李连昆后，小岔河能制作三胡、会拉三胡的是县级传承人周开先等人。周开先家是世代相传的传统音乐传承人。周开先年轻时，受当地生活环境的熏陶和影响，经常听长辈们用三胡演奏优美动听的音乐，从此对民族音乐情有独钟，再加之自身的探索与实践，周开先已熟练掌握了各种彝族乐器的演奏技巧，而且还会制作多种乐器，如二胡、三胡、四胡、京胡、三弦等。目前，周开先带有徒弟十余人，如李天寿、李天宝、周开秀等，遍及南华各个乡镇。彝族三胡制作技艺的传承谱系：周氏—周绍先—周永兴—周开先—周宝、李天光。目前，周宝又在带徒弟。这些方式使得小岔河彝族三胡这一技艺得以传承。

三胡与中胡相似，琴体较大。由琴筒、琴头、琴杆、弦轴、千斤、琴马、琴弦和琴弓等部分构成。制作者多就地取材、自制自用，故规格尺寸很不一致，小者全长 80 厘米左右，大者全长 105 厘米左右。琴筒多选用整块的椿木、桐木、水冬瓜木掏空或旋制而成，两端通透。筒前口蒙以蛇皮、羊皮等，筒身上下开有插入琴杆的通孔，琴杆上端横设三轴，弦轴用樱桃木制作，置轴方向与琴筒平行，在第三个弦轴处拴有一个细绳套，绳套并下垂至千斤处。琴杆中部设有丝弦千斤，将琴弦拢聚于一起，它是有效弦长的上端固定点。琴马竹制，置于琴筒皮面中央，三根丝弦上下固定。琴弓较为短小，弓杆用细竹制作，弯度较大，长 45 厘米，两端拴以两股马尾为弓毛，分别置于三条琴弦之间。周开先制作的三胡，琴杆选材极为讲究，选用山中自然生长的小叶杜鹃，直径在4厘米左右，根部造型奇特，树干通直，根部用来做琴头，稍做加工打磨，保持琴头自然形状，多以龙头形态居多。整把三胡古朴大方，根艺与木艺完美融合，有很强的民族特色和造型之美。三胡音调低沉，声音浑厚，回音悠长，很适合当地的一些民间舞蹈伴奏，是南华县民间乐器中的一朵奇葩。主要流传在南华小岔河、云台山、阿噜碑和牟定县腊湾彝族聚居区。但南华小岔河与其他地方的三胡，无论是曲目、动作，差异性大，独具特色。

三胡是彝族先人自己发明创造的一种乐器，是彝族特有的弓弦乐器。三胡因马尾分开两股，不论拉奏里弦或外弦，中弦都同时发音，形成美妙的自然和音。三胡因琴弓短小，弓法上多用灵巧的分弓，指法的特点是滑奏，多用装饰音。旋律多变，音响丰富、甘润。南华岔河彝族都跳一种十分古老的“玛姑舞”，即老人舞。这种节奏缓慢、动作变化多样的老人舞是当地彝族老人年轻时从父辈手里一代一代传下来的一种左脚舞。“玛姑舞”是把彝族歌舞、农耕文化、礼仪习俗、伦理道德、宗教历法等内容结合起来展示的一种风格奇异的舞蹈，基本舞步有直脚、甩脚、踮脚、跺脚、踏脚、提脚、赶脚、合脚等。不论在什么场合跳舞，首先要让彝族老年人跳“玛姑舞”，老人跳完后，年轻人才能跳欢快的左脚舞。老人舞分为直歌和杂歌两大类，伴奏乐器主要是三胡，还有京胡、笛子、月琴、小唢呐等，音乐婉转优美流畅，曲调与舞蹈紧密结合，风格独特。“玛姑舞”的独到之处还在于老人跳舞时伴奏的乐器是三胡，而非二胡或京胡。

三胡的制作与二胡有所不同，二胡只有两根弦，而三胡有三根弦，分别代表着彝族生活的苦难、辛酸与坎坷。这三根弦线不是钢丝线也不是一般的彝弦线，而是一种纳鞋底的麻线，比前二者要粗得多。弦筒处则是用羊皮绷成一个小鼓，弦线就从鼓上跨过。巧妙的是三胡拉弓上的马尾是连在中间那根弦的两侧，拉三胡时两侧的马尾根据音阶的需要分别作用于两边的弦线，相当于一把二胡有两把弓。这样，三胡独特的弦线与独特的鼓面天然合一，拉出的音乐就会有一种缠绵、宛转、浑厚的感觉。跳“玛姑舞”时，男的每人手持一架三胡，胡筒别在腰部，左手的五个指头则在弦索上灵巧地滑动，右手舒缓地拉弓，这时三胡发出的音调便高扬而有力，音质低沉而古朴，音色浓重而古老，充满沧桑感。铿锵有力、清脆而有节奏的旋律是三胡的重要特征。

彝族民间乐器三胡，在云南民间音乐中占有一席之地，久盛不衰，有其深厚的历史文化渊源。三胡作为乐器不仅深受专业、业余文艺工作者喜爱，就是普通民众也十分喜爱，是普及率相对高的一种大众乐器。三胡有着独特的生产技艺，独特的形状、音质、音色、音量，是大众喜爱的优秀传统文化产品。

“秋街一片沸人声，齐上山坪抱器行。”清朝福建籍著名军旅作家黄大琮在宣统元年(1909年)正月在镇南(今南华)写下《镇南杂咏》。周开先、周顺兴两位传承人，笔者是寻着低婉厚重的三胡乐曲声找到的。彝族三胡曲目繁多，这里有《送郎调》《摊花调》《村里村外》《捡谷穗》《高福寿打水坝》《杨梅山赶会》《买茶去》《买耶做饭四丫来吃饭》《十冬腊月出去玩三十晚上要归家》《架子地　架子丫》《世上每一个人都有一个思想》《昨晚小伙子　今晚老头子》等。

三胡伴随南华从镇南到南华的华丽转身，习染上诸多的彝族印痕。古拙的造型，奇妙宽阔的音色，让人回味，令人着迷。

兔街茶

李天永

以属相为街期，一个被遗忘的茶乡——兔街。

伴水而居的小镇，生在哀牢山南坡，长于三州四县结合部。

过去，这里是南华经阿雄关进入景东茶马古道的重要驿站。据生活在兔街古镇的一位老人介绍：旧时，运送货物的马帮到兔街歇脚的马匹有二三百匹之多。

夜宿兔街，这是一种灵性的选择。月照半坡，看一弯老街，听窗下淌水，品屋内香茗。

兔街河又称为湾河，当地人称七村河，景东段称瓦伟河，属红河流域红河水系，是李仙江左岸一级支流，发源于大理州弥渡县的湾水沟。

兔街三家村古树茶王

走过古茶林，听风闻香。从白天找到天黑，最后在哀牢山保护区白草山见到这棵野生古茶树——大理茶。大家站在枯叶没脚的斜坡上，用手机照明，一个挨着一个排起队，轮换用双手抱树，却只围住树身的一半。我形容当时的心情，就是拜拜、抱抱。保护区工作非常到位，为防止野生古茶树受伤，树牌是用两根不锈钢弹簧牵引安置在古茶树上，有编号和海拔，标注拉丁名与地理坐标。专家根据古茶树的高度及胸径，参照相同树种及地理条件，初步判断，这棵野生大理茶树龄在千年以上。

入林赏茶，云雾涤心，树古芽新香如故。遇见斜里生长的千年野生茶树，有三大分枝，在临近古茶树的根部和上部。青苔色泽翠绿，茎细如丝，毛发一样附着在这棵岁月中长老的大理茶上，就像它的外衣，显得精致、细密而又充满生机。其间还有极少的附着植物石韦。

见到李正成、李忠林两位兔街绿茶制作技艺传承人，是走进兔街开展田野调查，了解兔街绿茶制作技艺传承的时候，应该是虎年的春天。旧时，兔街地区每个大队都设有茶厂。经过三十多年的发展，形成连片种植，茶叶种植面积达到 3.2 万亩。

受印度洋暖湿气流及哀牢山南麓山脉的影响，兔街长年温湿多雨，云雾缭绕。独特的气候优势造就丰富的森林资源，而兔街的海拔非常适宜于茶树的生长，凭借土壤、品质、味道的优势，兔街茶一步步走向远方。

兔街素有“茶叶之乡”的美誉，有四千多棵古茶树遍布全境，种茶、制茶始于清代或更远。经过多年的发展，共衍生出三个茶厂，被省州农业部门列为无公害茶叶和优质茶叶基地。小村茶厂生产的“银毫”茶和半坡茶厂生产的“云春碧玉”茶，多次在省内外评比中荣获优质茶叶品牌称号。

人工制茶过程，完全凭借娴熟的经验和手感，在火候、热度的有效把控上，更得心应手，对保证茶叶品质起到了至关重要的作用。每批上市的茶叶都供不应求，就是产量低。据李正成介绍，要想制作完成鲜嫩匀整、色泽翠绿，条索匀正光滑、净度纯好，汤色清碧浓鲜、香气纯正，叶底色泽明亮、滋味醇厚的南华兔街绿茶，需要经过采摘、杀青、揉捻、干燥工序。第一步是采摘。每年约在 3 月 20 日开始采摘春茶，大约持续 40 天。阴天不采茶，选择晴天无露水时采摘。第一次采摘，采一芽；第二次采摘，采一芽一叶；第三次采摘，采一芽两叶。采摘回来的茶叶放入竹编簸箕之中萎雕，即晾晒。为保证茶叶质量，严禁在太阳下曝晒。第二步是杀青。传统的杀青，燃烧木柴将铁锅加热至 160 摄氏度，白天锅底白，夜晚锅底红。将茶叶放入斜置的铁锅之中，用双手上下翻炒，去除茶叶的腥味，凭茶叶的成色和味道，将茶叶从叶片状炒成卷曲条形。有微微茶香，颜色黄绿相间。杀青结束，放在竹编簸箕之中摊凉降温。第三步是揉捻。揉捻是塑造绿茶外形的一道工序。利用外力作用，使叶片揉破变轻，卷转成条，体积缩小，且便于冲泡。同时部分茶汁挤溢附着在叶表面，对提高茶滋味浓度也有重要作用。

制绿茶的揉捻工序有冷揉与热揉之分。所谓冷揉，即杀青叶经过摊凉后揉捻，热揉则是杀青叶不经摊凉而趁热进行揉捻。嫩叶宜冷揉以保持黄绿明亮之汤色与嫩绿的叶底，老叶宜热揉以利于条索紧结，减少碎末。目前，除名茶仍用手工操作外，大宗绿茶的揉捻作业已实现机械化。传统的揉捻，将杀青后的茶叶放入竹编簸箕之中，双手用内力，按照轻揉、中度加力、重揉的操作顺序，成团状反复揉捻。此工艺决定茶叶最后成型的模样。第四步是干燥。干燥的目的，是蒸发水分，并整理外形，充分发挥茶香。干燥的方法有烘干、炒干和晒干三种形式。绿茶的干燥工序，一般先经过烘干，然后再进行炒干。因揉捻后的茶叶，含水量仍很高，如果直接炒干，会在炒干机的锅内很快结成团块，茶汁易黏结锅壁。故此，茶叶先进行烘干，使含水量降低至符合锅炒的要求。传统工艺采取天然晒干，约需一天，即可成品。

在半坡、小村茶厂和三家村古茶林，可以领略百年以上茶龄的茶林，也可亲手体验制茶的乐趣，最惬意的莫过于此山此水饮此茶。

古树茶的味道，有花蜜之香，连绵悠长。老作家邵春生先生在我的微信朋友圈留言：雾雨古茶树，泉水煮青茗。兔街新茶香，尽显三家情。

原载于 2022 年 7 月 27 日《曲靖日报·市井》

竹编谣

李天永

从十四五岁就开始竹编制作技艺的窦永高，竹编制作已然四十余年。目前，带着两个徒弟窦美才、窦美富。

他曾经用竹篾为村民编织过不少摇篮。“阿罗乖乖，阿莫勒勒……”母亲轻轻摇动摇篮，口中低声吟唱《摇篮曲》，小宝宝慢慢合上眼睛入睡……妈妈用摇篮哄宝宝入睡的场景早已成为人们对过去的美好回忆。

竹编摇篮，这种延续了几代的婴儿寝具，随着现代化婴儿床的出现，渐渐淡出人们的生活。比起现代化婴儿床的豪华与松软，竹篦摇篮显得粗陋、生硬，但却给许多过来人留下了美好的记忆。

当地民谣说：“竹编手艺人，两手要青龙。”竹编工艺经过无数代艺人的传承和发展，形成了兔街自己独特的风格。

兔街多雨，泉水淙淙。湿润、阴凉、温暖的地理环境适宜竹子的生长。这里盛产大龙竹(分甜笋和苦笋两种)，另有水竹、凤尾竹。滑竹和刺竹多长在哀牢山中，但两者不同。滑竹高2～3米，无刺；刺竹，竹节处有刺，没有滑竹高。还有剑竹，一般呈丛状，竹竿只有筷子粗细，最高1米左右。山羊和牛喜食竹叶，物质匮乏年代，山民用来搭守荞地窝棚顶遮风避雨。兔街的竹编制作技艺在11个村委会均有分布，但技艺较好的多集中在兔街村委会。

兔街种竹子、竹编历史悠久。民族文化专家罗锦海说：过去，兔街竹编非常有名，到了农历七月以后，村村寨寨的男女老少都开始竹编。最为神奇的是，用山里的滑竹编成提箩、背箩，轻巧好看且密不透风，连水都不会渗漏，但此技已经失传。

竹编，就是用竹条篦片编成的生活用具和观赏陈设品，据传竹编早在新石器时期的良渚文化遗物中已经出现。几千年来，民间竹编摇篮、簸箕、筛子、篮子、挑箩、提篮、背箩、粪箕、鸡笼等生活日用品，在历史发展中逐渐形成富有地方特点的竹编用具。

选竹子有“七竹八木”的说法，即竹子在农历七月采伐，木头在农历八月采伐，这样做出来的东西才不会起虫。水竹竹龄宜在2至3年以上，呈金黄色时采伐，翻白或过青不用，翻白太老，过青竹制品寿命短。大龙竹选竹龄4至5年以上的，主要用于制作竹编的骨架(即龙骨)。不同的竹器选用不同的竹子。采伐后，把竹节削平，用篦刀剖开，再剖成细篦，剖篦是篦匠的基本功，篦条剖好，然后刮去表层，刮得大小均匀。竹编工艺主要分为材料处理、编织和收尾三个阶段。材料处理就是把竹子加工成篦子，一层是青篦，二层及以下为黄篦。青篦因光滑翠绿，主要放在外层，黄篦主要用编织芯子。编织就是用篦子编成各种产品。收尾是不可或缺的辅助补充工序，目的是使竹编产品更加美观、精致、顺手、耐用。在各种竹编产品中，背箢的工艺最为复杂。

窦永高编制簸箕，竹子现伐现用，长短适中，破竹，剔除竹心。挑竹子要不老不嫩，老了会脆断，嫩了会变形。再比如划篾吧，要挑没有节子的筒子，竹料分成四片，青篾一层，黄篾三层，按需要的宽度剖开，去掉篾心待用。天晴晒 2 至 3 小时，以绿翻白即可。厚薄削均匀，篾头宰齐，然后十匹一捆，用绑扎线捆起来。之后用特制的工具配合手，再一次按需要划篾，最后，在膝盖上垫一个垫子，按要求一匹匹再次修篾，就划好了。开始起料，分簸箕芯篾、龙骨胎子篾、圆形转底篾、扁形转篾、夹篾、绞口篾、扎篾几种。绞口篾要用刀子溜滑圆润，防伤手。

编织顺序，是从下往上编。先摆 6 匹以上簸箕芯篾，按起二压二编织，按此顺序编至实际大小，然后画团墨。龙骨选用剪子口胎子篾 9 至 15 匹。转底篾选三条绕两圈，根据簸箕深浅决定绕的圈数。然后加一圈夹篾，分内外两层。最后加三匹绞口篾，并用 16 个扎篾箍紧固定簸箕内外两层夹篾。

兔街竹编产品具有美观、精致、轻巧、密封性能好、顺手、耐用等特点。

听窦永高讲竹编，仿佛在叙说一个精美的故事，让我沉醉其间。这时，脑海中会想起故乡风中摇曳的竹子，那是曾经装满乡愁的摇篮。

原载于 2023 年 4 月 15 日《民族时报·山茶花》

跳菜调

李天永

“跳菜”表演要“先拜青棚，后拜四方”，以表达对自然的敬畏之心。

半坡村委会距兔街镇16公里，由望天坡、大荒田、桃树村、三家村、岩峰窝、八岔路、迤头村、岭冈村、郭凤田、半坡10个村民小组组成，彝族人口占总人口的82%。自称“蒙化族”的彝族虽没有自己的文字，但他们至今还在使用着自己的语言(蒙化话)。半坡的彝族姓氏多为阿、罗、李、自、查。据几代老人讲述，他们起初都是从巍山、南涧、景东等地迁徙而来，居住历史久远，至今约有数百年。这里的阿卡舞和跳菜调非常有名。

兔街半坡彝族跳菜调没有曲谱文本，靠口耳相传。乐器以大筒(过山号)、长号、唢呐(小叭喇)、大小钹、小鼓、大锣为主，或独或合，相互配合，音域奇特，曲调古朴。第一首与第二首并不相同。以婚俗为例，男方到女方迎亲，吹奏《迎亲调》《大过街》《小过街》《过江调》《梳妆调》《隔奶调》；迎亲队伍娶亲回到男方，吹奏《进门调》《拜堂调》《楼上楼》《小桃红》；婚宴开始，吹奏《开堂调》《头席面》《迎客调》《上菜调》《感谢调》《收堂调》等。在漫长的发展过程中，彝族跳菜调逐步被赋予歌舞文化、婚礼文化、祭祀文化、服饰文化、农耕文化等内涵。彝族跳菜调对促进民族和睦、传承民族文化具有不可替代的作用。

由何文祥、李金华、罗荣才组成的半坡彝族跳菜调表演团队，每年表演60余场次，范围涵盖南华县江迤五顶山、马街、兔街三个乡镇，大理州弥渡县、南涧县，普洱市景东县，临沧市等地区。

彝族跳菜调历史悠久，盛行于唐朝民间。半坡跳菜，南涧跳菜，景东跳菜，传承古老，构成了民族民间文化的传承，半坡跳菜在传承彝族之系蒙化的基础上，通过不断改进与创新，在楚雄独树一帜。跳菜俗称“抬菜舞”。彝族跳菜调是地地道道的宴席跳菜，逢办宴席，引菜人和抬菜人从厨房到餐桌，合着音乐的节拍，用手抬、臂托、口衔、头顶各式菜肴，跳着彝族特有的舞步，诙谐幽默地按祖辈传承的布局来摆菜。是一种融舞蹈、音乐、饮食于一体的上菜礼仪，为尊贵宾客而跳的一种花式菜桌，礼节性舞蹈。其音乐欢快喜庆，节奏有序诙谐，音色清脆，浑厚悦耳，深受广大人民群众喜爱和欢迎。

民间流传一首歌谣：“走马皇帝下江南，河西龙马进贡来；大筒乌呼小调哩啦，羊皮圣旨乌哈哈。”相传，走马皇帝下江南，微服来到一户彝族人家，看见只有一位妇女在家，就问大嫂，大哥去哪里了。大嫂说，会去哪里，天天就知道去龙潭放那个烂龙马。走马皇帝进屋，这才知道原委。这户人家养着一匹小马，天天要到龙潭去放。但这匹小马奇特之处，就是快，仿佛会飞。到城里买菜，一个时辰就可以走个来回。这边锅里烧水，骑马进城买菜，一去一回，刚好水涨煮菜。走马皇帝听说，小马的鼻子里长出小龙须尖，身上也长出片片鳞甲。更为神奇的是，轻轻抚摸小马会听到美妙的音乐。走马皇帝一心想买下这匹小龙马，可主人家就是不卖。最后，走马皇帝说，那就迤西和河西这两个地方让你选。主人这才知道来人不简单。主人应了要河西。皇帝便用羊皮圣旨亲赐大筒(过山号)、长号、唢呐(小叭喇)、大小钹、小鼓、大锣。自此,便有了跳菜调的乐器。同时,允诺河西建盖的屋顶满罩筒瓦,一直流传至今。这虽只是传说,但也说明文化传承的力量不可低估。

跳菜调引出跳菜舞,表演时,女子头戴二寸宽、围成数十圈的黑色团帽,并镶嵌有银质头饰及各色毛线绒花,上身穿白衬衣,外穿黑色领褂,腰系花围腰,身穿黑裤子,脚穿大花鞋,身后四条长飘带,艳丽夺目。男子穿羊皮褂,蓝色绣花镶边大襟上衣,戴大银耳环。表演的过程中,感情自然流露,完全投入艺术的表现当中,极具张力,为宴席增添了喜庆的欢乐氛围。

跳菜调舞蹈在形式上沿袭了传统的宗教祭祀文化,为表演增加了神秘感。“跳菜”过程中,通过模仿的形式,跳出“金鹿望月”“野鸡吃水”“金鸡独立”“喜鹊蹲窝”“手托金鼎”“五谷丰登”等舞蹈动作。“引菜人”和“抬菜人”的凤凰三点头,拉开“跳菜”帷幕。首先响起大号、唢呐声,伴奏音乐节奏欢快,富有气魄。“抬菜”表演人员主要分两种,分别是“引菜人”和“抬菜人”。在表演时,引菜人首先伴着音乐绕头顶或上下挥动红毛巾引路,然后抬菜人在引菜人引领下,迈着有力的步伐入场。“引菜人”和“抬菜人”的步伐基本一致,为两步颠四步崴。抬菜人在抬菜时,左手挥动红毛巾,右手的拇指、食指和小指分别呈一个倒锥形撑起方形托盘,托盘内装满了彝族传统的八盘菜。而现在的“跳菜”表演中为增强表演力,常常加入头顶托盘和口咬方桌的内容。在表演过程中,抬菜人随着吆喝声和唢呐等乐器的节奏慢慢行进,脚步忽高忽低,动作张弛有度,但托盘里的菜却四平八稳。而引菜人则围绕抬菜人四周,手中舞动红色的毛巾,为表演增加艺术效果,抬菜人的舞步和引菜人的动作相得益彰。

在民间,跳菜舞待客用的桌子,往往摆成长蛇阵,八张桌子为一路,摆两路,中间隔出一条路,方便上菜。桌子和菜肴有象征意义,离不开“八”,取谐音“发”,所以讲究用八仙桌,坐八个人,摆八个碗,用八双筷子,摆八碗菜。摆菜也很有讲究,均按传统规矩一一摆放。常见的摆法有“回宫八阵”“四方形”“梅花形”“一条街”等。“引菜人”引“抬菜人”上菜时,遵循长辈先上的原则,从左到右依次上。“抬菜人”在八仙桌旁以凤点头半蹲停止,由“引菜人”上菜。上菜顺序为:芽—叶—花—果。芽,如豆芽之类;叶,如素菜、木耳之类;花,如树花之类;果,如花生之类。最后上荤菜。过去注重实际,现在注重表演。跳菜之人需双数,具体人员根据宴席规模和场地大小确定。

兔街的味道,兔街的岁月,在阿卡舞身影里妙曼,在南诏蒙化人跳菜的余韵中慢慢流淌。

原载于 2022 年 8 月 15 日《民族时报・山茶花》